ZULEYKA SALAZAR

RECUPERA TU *Propósito*

EN UN MUNDO CONFUNDIDO

DEDICACIÓN

Al Dueño Absoluto de mi vida, mi Rey, Señor y Salvador Jesucristo. Él me eligió según su voluntad y para el cumplimiento de su propósito en la Tierra. Gracias, Señor, por concederme el más alto honor al permitirme servirte con mi vida. Te amo, Jesús.

A mi esposo, Adinsson J. Salazar, por creer en mí y brindarme su apoyo continuo, y por servir como fuente de motivación y apoyo en todos los aspectos de mi vida.

A mis hijos, mis tesoros, Stephanie Marie Salazar, Yamilet Angelie Salazar, Adinsson Jhayr Salazar Jr. y Valeria Elianie Salazar, por su amor incondicional, comprensión y por ser parte del ministerio que Dios nos ha encomendado.

RECONOCIMIENTOS

Érase una vez, en mi temprano caminar cristiano, que me preguntaba: "¿Es esto todo lo que es el reino de Dios?". Me sentía estancada hasta que un día, me encontré con una gran mujer de Dios que me quitó el velo de religión que tenía puesto. Ella es la Dra. Cindy Trimm. Asistí a su Escuela de Ministerio del Reino, y ella enseñó acerca del reino de Dios, y yo dije ¡WOW! ¡Sabía que había más! Me emocionó saber que nuestro Dios es grande y que tiene grandes planes para aquellos que confían y creen en él. Asistir a esta escuela me ayudó a entender que hay más. Sentí que había sido liberada. Salí de la cueva de la oscuridad y la esclavitud, y me sacaron de la prisión. Encontré un propósito, y lo que estoy compartiendo con ustedes son algunas herramientas que Dios me dio para apoyar a otros que no pueden encontrar su propósito y que están atrapados en sus propias cuevas.

También quiero agradecer especialmente a Margarita Cruz Vélez, la mujer que Dios usó como canal para traerme al mundo. No sólo es una excelente madre, sino también una gran amiga. Gracias mamá por tus sabios consejos, apoyo incondicional y por cubrirnos siempre con tus oraciones.

Quiero compartir mi sincera gratitud a los muchos hombres y mujeres de Dios que nos han inspirado; a mis mentores, amigos, compañeros de ministerio, y a todos aquellos que han contribuido de alguna manera para que el sueño de Dios florezca en nuestras vidas.

Quiero agradecer a la familia de Eternal Life Embassy por creer en el ministerio que Dios nos ha dado por gracia. Todos ustedes son muy especiales, y oro para que Dios nos siga guiando al cumplimiento de nuestro propósito como familia eclesiástica. ¡Somos vencedores!

PRÓLOGO

La vida no ha sido una escalera de cristal; aún recuerdo el día en que mi mujer y yo nos conocimos en el instituto de Wakefield. Ella tenía 17 años cuando tuvimos a nuestra primera hija. Salió adelante en el instituto con su gran barriga y recibió múltiples becas, pero sabía que yo quería ir a la universidad, así que dio un paso atrás para que yo pudiera seguir mi carrera. La mujer de la que hablo ha estado conmigo durante la bancarrota, pasando de nuestra propia casa adosada a vivir en el apartamento de su tía, durmiendo en dos sofás, teniendo un armario lleno de nuestras pertenencias en bolsas de basura negras, y siendo mi pecho la cuna de nuestra hija. La tristeza, la pobreza, el estrés y la depresión nos habían envuelto de tal manera que no veíamos la forma de salir de esta devaluada cueva de tristeza.

Vivir en un lugar demasiado oscuro para ver con claridad es lo mismo que estar en un lugar demasiado oscuro para vivir. *Recupera Tu Propósito En Un Mundo Confundido* es un libro que te dará un plan para un cambio de 180 grados en tu vida. No se basa en un cuento de hadas; es un testimonio vivo de lo que Dios puede hacer cuando te rindes a él, especialmente cuando nadie más puede ayudarte.

Puedo dar fe del cambio milagroso en la vida de mi esposa, como su testigo más cercano. Observé de primera mano cómo Dios moldeaba a mi esposa hasta convertirla en la mujer de Dios que es hoy. Este libro encarna la esencia misma del Espíritu Santo, que ha sido clave en la transformación de la vida de mi esposa, y te guiará para vencer a los asesinos de tu propósito. En este libro, mi esposa te llevará a través de un viaje que te dará iniciativa, fe y la voluntad de vencer en la vida. Terminarás experimentando un cambio metamórfico para obtener los resultados que Dios ha planeado para ti.

Pastor Adinsson J. Salazar

Vicepresidente en Ministerios E.L.E M

PRÓLOGO

El ya fallecido Dr. Myles Munroe dijo una vez: *"El cementerio es el lugar más rico de la superficie de la tierra porque allí verás los libros que no se publicaron, las ideas que no se aprovecharon, las canciones que no se cantaron y las obras de teatro que nunca se representaron".* ¡Qué afirmación tan poderosa! ¿Cuántas veces nos hemos quedado atrapados en un lugar donde imaginamos nuestro camino fuera del mejor propósito de nuestro Dios para nuestras vidas? ¿Cuántas veces hemos pensado cómo sería si las cosas fueran diferentes? ¿Vamos a sembrar el cementerio con nuestro propósito, o vamos a dejar que el mundo disfrute de lo que Dios nos ha llamado a ser?

En mi experiencia, me he encontrado con muchas personas con talento que no estaban viviendo todo su potencial. Estos individuos *parecían estar vivos, pero no vivían.* Llegaron a un cierto nivel de comodidad en el que sus circunstancias limitaban su gozo y les prohibían alcanzar sus sueños. He visto a muchos grandes hombres y mujeres conformarse con menos de lo que fueron diseñados para ser. Lo inquietante de esto es que ellos lo sabían. Sabían que Dios los había llamado para mucho más, pero algo los detenía. Algo alimentaba sus temores. Había algo desastroso escondido en su subconsciente, y algunos de ellos ni siquiera podían identificar el problema.

Creo que Zuleyka Salazar, a través de la revelación divina, se adentra en lo más profundo de nuestra alma para ayudarnos a identificar el problema, sanarlo y desarraigarlo. Zuleyka, a través de sus propias experiencias de vida y enseñanzas prácticas, nos lleva en una jornada de recuperación. No es la jornada más fácil de recorrer, pero es extremadamente necesaria para vivir una vida con propósito. *Recupera Tu Propósito En Un Mundo Confundido* es el espejo que necesitamos para encaminarnos hacia un gran rompimiento.

He visto personalmente la jornada de Zuleyka desde su niñez hasta la mujer de Dios en la que se ha convertido. ¡Qué transformación! Lo que leerás en estas páginas no es sólo una teoría, sino la verdad que la hizo libre y le dio el poder para escribir sobre ello. Ahora te toca a ti.

¡Se acabaron los días de andar por ahí preguntándote por qué estás en este mundo! ¡Aleluya!

Apóstol Henry Ramos

Apóstol en Eternal Life Embassy

Presidente de Ministerios E.L.E.

CONTENIDO

INTRODUCCIÓN

Durante el proceso de escribir mi libro, reflexioné sobre mi vida y quedé asombrada por el increíble poder de Dios que me transformó. Me asombró lo que Dios logró conmigo, una persona que simplemente depositó su confianza en Él y creyó en sus palabras para mi vida. Además, fue aún más significativo comprender que Dios me conocía incluso antes de mi existencia física. Al principio, me costó aceptar que Dios me valoraba debido a mis experiencias pasadas.

Por el contrario, hay alguien que influye en las decisiones que tomamos, y quiere la destrucción de toda la humanidad. Él es Satanás, y su prioridad es corromper el diseño original de Dios para nuestras vidas. Su misión es romper las relaciones y causar estragos entre las familias, las comunidades, las industrias, los sistemas educativos y las personas de todo el mundo. El enemigo quiere confundir y destruir el propósito que Dios ha puesto en ti. Este libro ilustra cómo la luz puede vencer a las tinieblas. No necesitas vivir una vida de resentimiento, remordimiento o tristeza. En Juan 8:12, Jesús afirma: "Yo soy la luz del mundo. El que me sigue nunca andará en tinieblas, sino que tendrá la luz de la vida". Amado, si sigues a Jesús, ¡la oscuridad no tiene control sobre tu vida!

¡Creo que te sentirás vigorizado, renovado y fortalecido por cada capítulo de este libro! He podido traducir y resumir la vida crítica y transformadora que Cristo me ha permitido vivir por seguirle. Comprende que el rechazo, el dolor, la tristeza, la soledad, la traición, el odio a ti mismo y el fracaso no son el final de tu historia. Dios restaurará tu identidad y te guiará de vuelta a tu propósito. ¡Este libro te recordará que has nacido para experimentar el magnífico poder de Dios y para ir de gloria en gloria mientras persigues todo lo que Él tiene para ti a la luz de su amor!

CAPÍTULO 1

LA CUEVA DE LA MENTE

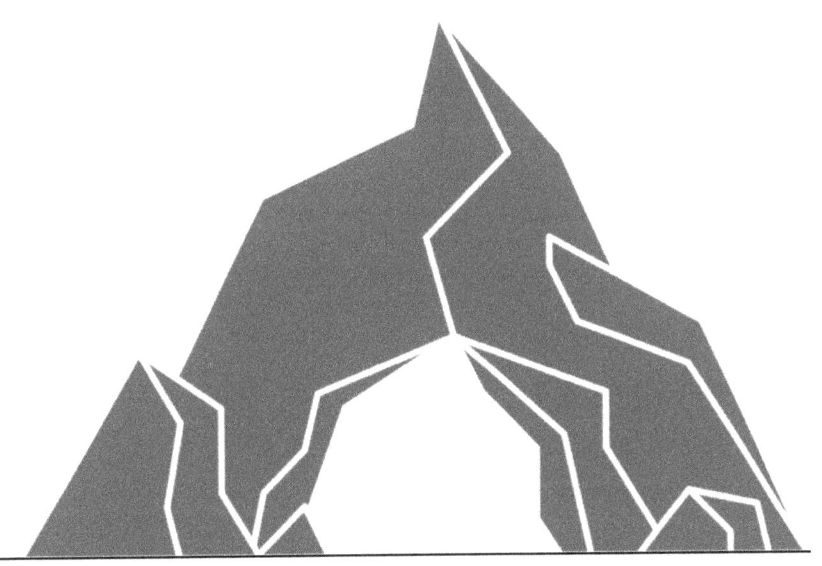

La pregunta que se plantea es si existe una perspectiva de la vida más amplia que la que se ha encontrado hasta ahora. En el momento de nuestra concepción, recibimos la influencia de nuestra composición genética, basada en el ADN de nuestros padres. Posteriormente, fuimos educados según ciertas creencias y valores, que han contribuido a conformar nuestra perspectiva actual. Mientras que algunos individuos han superado las adversidades de la vida y se han hecho más fuertes, otros se han debilitado por ellas.

Aunque veamos la luz en la cueva y nos demos cuenta de su accesibilidad, es posible que huyamos por miedo a que lo desconocido nos haga daño.

En este momento, algunos de nosotros podemos estar experimentando la existencia de "cueva." Una cueva es un vacío natural en el suelo, concretamente un espacio lo suficientemente grande para un ser humano. Es un lugar oscuro, frío, sofocante y húmedo, con poco o nada de oxígeno. Para algunos, es un lugar seguro donde nadie puede resultar herido. Un lugar al que no se invita a nadie y del que muchos han sido ahuyentados. Esta mentalidad de cueva se ha convertido en un refugio para muchos. Un hogar lejos del hogar. Este pseudo-hogar se ha convertido en un lugar de refugio donde tú eres el único bienvenido. Por muy deseable que pueda parecer, puede convertirse en un lugar de destrucción, pérdida y catástrofe. Aunque la cueva parezca segura, no lo es. Esa cueva es el mismo lugar en el que la aparición repentina de una luz desconocida puede provocar una sensación de inquietud, una amenaza. Aunque veamos la luz en la cueva y nos demos cuenta de su accesibilidad, es posible que huyamos por miedo a que lo desconocido nos haga daño.

Nuestras experiencias vitales y las circunstancias nos situaron en la cueva. La oscuridad era nuestra norma hasta que una chispa de luz nos reveló que había mucho más en la vida. Fuimos diseñados espiritualmente para operar desde arriba de la cueva, ¡no dentro de la cueva! Jesús dijo lo siguiente sobre habitar en una roca:

> [17] *Entonces le respondió Jesús: Bienaventurado eres, Simón, hijo de Jonás, porque no te lo reveló carne ni sangre, sino mi Padre que está en los cielos. [18] Y yo también te digo, que tú eres Pedro,[a] y sobre esta roca[b] edificaré mi iglesia; y las puertas del Hades no prevalecerán contra ella. [19] Y a te dare las llaves del reino de los cielos; y todo lo que atares en la tierra será atado en los cielos; y todo lo que desatares en la tierra será desatado en los cielos.*

MATEO 16:17-19 (RVR1960)

Este versículo nos dice que Jesús es la roca. Él está construyendo la iglesia sobre ella para que las puertas del infierno no prevalezcan. Estar en la cima de la roca significa que disfrutarás de todo lo que el Señor ha preparado para ti. Cuando estas en la cueva, puede que sin saberlo te sometas a experimentar una vida de esclavitud y oscuridad. ¡Esa no era la intención de Dios para tu vida!

La oscuridad que nos rodea a menudo se remonta al entorno creado por nuestros antepasados, que hemos heredado. Esta herencia cultural puede ser invisible para nosotros y aceptada como normal, pero no es más que una mera fachada que nos aleja de la verdad. El plan original de Dios para nuestras vidas no incluye este estado "normal". La verdad se puede encontrar en la Santa Biblia, que es la Palabra de nuestro Creador. Sin embargo, la oscuridad que nos envuelve es como estar en una cueva que nos impide descubrir la verdad.

Al salir de la cueva, reconocerás el significado de permanecer sobre la roca, que representa a Jesucristo. Estar en lo alto de la roca te permite imaginar y lograr hazañas que pueden parecer imposibles, con la ayuda de Cristo. Tus pensamientos y capacidades se expanden, y te vuelves victorioso sin medida. Al establecer a Jesús como la piedra angular de tu vida, llegas a comprender que hay más en la vida que lo que has experimentado en el pasado o en el presente. Reconoces que el bien prevalece sobre el mal al reconocer la supremacía de la bondad de Dios sobre todo lo demás.

Un problema común es que muchas personas eligen permanecer en su propia cueva personal. Pueden pensar que es más cómodo y seguro esconderse que exponerse al mundo exterior. A menudo, los individuos no quieren revelar su estado interior.

Puede que crean que la cueva es el mejor lugar para evitar que los demás o cualquier otra cosa les hagan daño, pero no se dan cuenta del peligro potencial que representa. Tu mayor adversario eres tú mismo porque tienes pleno acceso a todos los aspectos de tu vida. Es crucial ser rescatado aceptando el regalo de la salvación ofrecido por Jesucristo lo antes posible. Sin ayuda, tu vida podría convertirse en un cataclismo. Debes centrarte en tu interior y tener fe en la persona de Jesucristo para empaparte de la luz de su amor y entregarte a su seguridad.

He observado que algunas personas tienen fe en los demás, pero no tienen suficiente fe en sí mismas. Debes dar prioridad al camino de la auto-recuperación para estar auténticamente disponible para la gran obra a la que Dios te ha llamado. El profeta Elías tenía suficiente fe para hacer la obra de Dios, pero le faltaba fe en sí mismo.

> *⁹ Buscó una cueva donde pasar la noche, y allí el Señor le dijo: «¿Qué haces aquí, Elías?»*
>
> *¹⁰ Y Elías respondió:Es muy grande mi amor por ti, Señor, Dios de las ejércitos. Los israelitas se han olvidado de tu pacto, han destruido tus altares, han matado a tus profetas, ¡y solo quedo yo! Pero me andan buscando para quitarme la vida.*
>
> **1 REYES 19:9-10 (RVC)**

Elías, un hombre amenazado por las intenciones de la Reina Jezabel de matarlo, buscó refugio en una cueva debido a su temor de que ella cumpliera su palabra. A pesar de ser consciente de la presencia del Señor, su respuesta fue esconderse en un lugar seguro. Este es un ejemplo de cómo las palabras y acciones de otros pueden crear una sensación de miedo e incertidumbre, haciendo que uno se retire de situaciones desconocidas o potencialmente peligrosas.

El profeta Elías no tenía suficiente fe para creer que Dios le protegería, así que se escondió de la vida en una cueva de depresión. Le intimidaba la idea de ser el único profeta vivo, sin saber que existían más profetas. Otros 7,000 profetas no habían doblado sus rodillas ante Baal. La

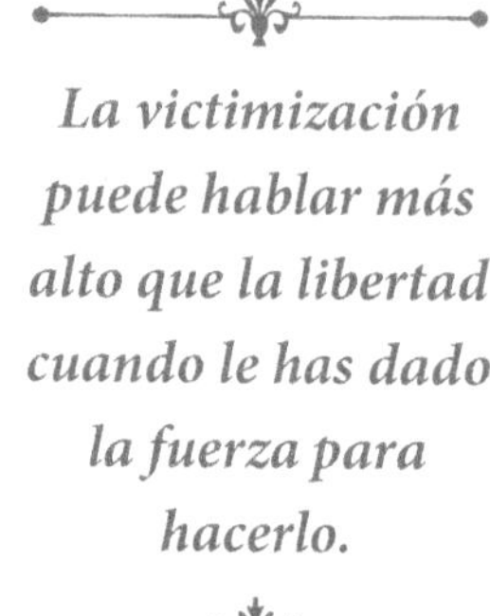

La victimización puede hablar más alto que la libertad cuando le has dado la fuerza para hacerlo.

idea de ir solo por la vida crea una mentalidad de víctima, matando los sueños y todas las demás posibilidades. Una persona con mentalidad de víctima que ha sufrido traumas o tribulaciones puede no haber desarrollado una forma más sana de afrontarlos. Esta mentalidad promueve sentimientos de negatividad, independientemente de la situación. Estos individuos operan continuamente bajo la suposición de que todo el mundo les persigue. En otras palabras, alguien con esta mentalidad siente constantemente que es el objetivo de todos los demás; espera que le ofendan. Es difícil ver la luz de la alegría, la esperanza y el amor entrar en tu vida si piensas de esta manera. La victimización puede hablar más alto que la libertad cuando le has dado la fuerza para hacerlo. Pero Dios... su gracia salvadora viene de un lugar más alto. Las batallas se libran en los lugares celestiales para que la victoria pueda ser experimentada aquí en la tierra. La pregunta es, ¿crees? ¿O estás como el profeta Elías atrapado en tus circunstancias?

21 Jesús preguntó al padre: —"¿Cuánto tiempo hace que le sucede esto?" Él dijo: —"Desde niño. 22 Y muchas veces lo arroja al fuego o al agua, para matarlo; pero si puedes hacer algo, ten misericordia de nosotros y ayúdanos."

23 Jesús le dijo: —"Si puedes creer, al que cree todo le es posible."

24 Inmediatamente el padre del muchacho clamó y dijo: — "¡Señor, Creo; ayuda mi incredulidad!"

MARCOS 9:21-24 (RVR95)

Los Orígenes de Mi Cueva

A lo largo de mi infancia, me enfrenté a multitud de dificultades con mi padre, que se tradujeron en sentimientos de auto-rechazo, deshonestidad, falta de identidad propia y sensación de estar perdida. Incluso antes de nacer, mi padre me rechazaba por mi género, ya que creía que sólo los hombres podían tener descendencia masculina. Esta creencia, reforzada por mi abuelo, hizo que mi padre se distanciara de mí. Cuando nací, mi padre abandonó a mi madre en el hospital y no mostró ningún remordimiento por sus actos. A pesar de haber tenido un hijo antes de mi nacimiento, la felicidad de mi padre duró poco, ya que siguió maltratando física y mentalmente a mi madre. Su valentía para dejarle hizo que al final se fuera con tres hijos, siendo yo la mediana y única hija.

A los seis años, mi madre tomó la decisión de trasladar a nuestra familia a Estados Unidos con la convicción de que nos brindaría oportunidades para convertirnos en líderes mundiales de éxito. Tenía un deseo desinteresado de servir a los demás y contribuir al país con el que se había encariñado. Sin embargo, al llegar, mi madre se volvió a casar con un hombre de un trasfondo cultural diferente que tenía una mentalidad que chocaba con nuestras propias creencias culturales.

Era tacaño económicamente y abusaba física y mentalmente de mí y de mi hermano mayor. A menudo me insultaba llamándome "estúpida" y una vez incluso me incapacitó para caminar debido a la severidad de la paliza que me propinó. Fue un shock darme cuenta de que estábamos de nuevo en un entorno abusivo, similar al que habíamos dejado atrás en Puerto Rico. A pesar de que los abusos no iban dirigidos a ella, mi madre lo abandonó inmediatamente al descubrir los malos tratos que nos infligía a mi hermano y a mí.

Se convirtió en madre soltera de tres hijos y nos dio la mejor vida que podía ofrecernos, cosa que le agradezco enormemente. Mientras tanto, mi padre nos llamaba desde Puerto Rico de vez en cuando, pero nuestra relación nunca fue afectuosa. Aunque nuestra madre hizo todo lo posible por arreglar las cosas, ya era demasiado tarde para mí. Durante mi adolescencia, decidí entrar en una oscura cueva mental para escapar del impacto del trauma que sufrí por los abusos. La oscuridad de la cueva se convirtió en mi zona de confort; se convirtió en un lugar de descanso donde mi verdad era mi verdad, y nadie podía decir lo contrario. Si alguien intentaba desafiar mis verdades e intentaba sacarme de mi zona de confort, me protegía abusando verbal y físicamente de los demás e intimidándolos.

¡Dios tiene la respuesta para nuestra experiencia en la cueva!

Aunque mi cueva era un lugar de comodidad para mí, me limitaba la vista nublando mi visión, lo que afectaba a mi educación y movilización. Sabía que había más para mí, pero la ira, la rabia, la decepción y la amargura me mantenían dentro de la cueva, mi zona de confort. Mis instintos protectores me dejaban una felicidad limitada y poca satisfacción. Un día, cuando estaba en mi cueva, apareció una sombra oscura. Reflejaba la oscuridad de mi alma. Se convirtió en todo lo que me faltaba: mi padre, mi mejor amigo, mi consejero y mis hermanos. Con el tiempo, la sombra creció tanto que me envolvió y me dio una falsa seguridad. Llegué a sentirme cómoda en este lugar hasta que la responsabilidad por otra persona me hizo mirar más de cerca dónde me encontraba.

Cuando me convertí en una joven madre, empecé a buscar respuestas fuera de mi experiencia en la cueva. Un día mi madre me invitó a ir a la iglesia. Acepté a regañadientes. Durante el servicio, escuché una canción de alabanza que literalmente cambió mi vida. La letra de la canción decía: "Separado de Ti, no soy nada, lejos de Ti muero. Si Tú no estás en mí, me desespero. Pierdo la esperanza, y pierdo el deseo de vivir". Esas mismas palabras penetraron en la oscuridad de mi cueva como una resistencia y un destello de luz iluminó el interior de la cueva. El velo de mi iniquidad se levantó, mi verdad quedó expuesta como la mentira que era y me di cuenta de que estaba completamente sola y encadenada. Me di cuenta de que mi cueva de falsa seguridad y comodidad estaba ocultando mi destino ordenado por Dios. No era consciente de que estaba jugando con mi destino al buscar una falsa sensación de seguridad para los traumas emocionales y psicológicos de mi vida. He aquí una definición más formal de lo que estaba experimentando:

<u>El trauma emocional</u> es el resultado final de acontecimientos o experiencias que nos hacen sentir profundamente inseguros y a menudo indefensos. Es el resultado de acontecimientos extraordinariamente estresantes que destrozan tu sensación de seguridad, haciéndote sentir indefenso en un mundo peligroso.

<u>El trauma psicológico</u> puede dejarte luchando con emociones perturbadoras, recuerdos y ansiedad que no desaparecen. También puede dejarte insensible, desconectado e incapaz de confiar en los demás.

Ahora bien, el trauma infantil puede ser el resultado de cualquier cosa que altere la sensación de seguridad del niño, incluyendo:

> Un entorno inestable o inseguro
> Separación de uno de los padres
> Enfermedad grave
> Procedimientos médicos intrusivos
> Abuso sexual, físico o verbal
> Violencia doméstica
> Abandono

Durante el primer trimestre del embarazo de mi madre, cuando el médico le dijo que yo era una niña, mi padre empezó a agredirla cada vez más. La seguridad del vientre de mi madre (un lugar oscuro como una cueva) se vio amenazada por su agresiva desaprobación de mi sexo. Esto sembró inicialmente las semillas de mi hundimiento emocional en lo más profundo de mi corazón. Se ha demostrado científicamente que un embrión es sensible a su entorno exterior. En su artículo Los Bebés Aprenden a Reconocer las Palabras en el Útero, Beth Skwarecki afirma: "Puede parecer inverosímil que los fetos puedan escuchar el habla dentro del útero, pero las partes de su cerebro que procesan el sonido se activan en el último trimestre del embarazo, y el sonido se transmite bastante bien a través del abdomen de la madre.[1] Si

---

[1] Skwareck, B. (26 de Agosto, 2013). Los bebés aprenden a reconocer palabras en el vientre. Ciencia. Consultado en 2023, American Association for the Advancement of Science (Asociación Americana para el Avance de la Ciencia), tomado de https://www.science.org/content/article/babies-learn-recognize-words-womb. Doi:10.1126/article.24273

te pones la mano en la boca y hablas, la situación es muy parecida a la del feto", dice el neurocientífico cognitivo Eino Partanen, de la Universidad de Helsinki. Puedes oír el ritmo del habla, el ritmo de la música, etc."[2]

En mi investigación adicional encontré la siguiente prueba de que las palabras negativas de mi padre influyeron en mi destino. ¿Cuándo Puede Oírme Mi Bebé Por Nacer?, escrito por Jennifer Shy, pediatra del grupo Children's Medical de Atlanta, Georgia, dice: "Alrededor de las 18 semanas de embarazo, tu bebé por nacer empezará a ser capaz de oír los sonidos de tu cuerpo, como los latidos de tu corazón. Entre las semanas 27 y 29 (de 6 a 7 meses), también puede oír algunos sonidos externos, como tu voz. Cuando lleguen a término, podrán oír más o menos al mismo nivel que un adulto".[3]

Incluso con esta prueba científica, muchas personas creen que cuando un bebé es un feto, no puede ser influenciado por lo que ocurre fuera del útero. Pero Dios, nuestro creador, nos conoce desde antes de la concepción. Así que, independientemente de lo que se hable de nosotros cuando somos bebés en el vientre

---

[2] *Científicos: Los patrones de las ondas cerebrales muestran que los nonatos reconocen palabras en el útero.* ONEOFUS. (28 de Septiembre, 2017). Consultado en 2023, European Federation for Life and Human Dignity (Federación Europea por la Vida y Dignidad Humana), tomado de https://oneofus.eu/scientists-brain-wave-patterns-show-unborn-children-recognize-words-in-the-womb/#:~:text=%E2%80%9CIf%20you%20put%20your%20hand,music%2C%20and%20so%20on.%E2%80%9D

[3] https://www.healthychildren.org/English/tips-tools/ask-the-pediatrician/Pages/I%E2%80%99m-pregnant-and-would-like-to-sing-to-my-unborn-baby.aspx#:~:text=At%20around%2018%20weeks%20of,same%20level%20as)

materno, Dios tiene un buen futuro para nosotros. Simplemente tenemos que salir de la cueva de nuestra incomprensión para recibirlo. Aunque mi padre habló palabras negativas sobre mi vida, esa no era la intención de Dios para mí. Cuando me puse en la cueva para protegerme, le di a Dios la oportunidad de mostrarme realmente quien era. Permite que comparta algo contigo. ¿Sabías que cuando un bebé es concebido, el plan de Dios para sus vidas ya está en marcha? La Biblia dice:

16 Tus ojos vieron mi cuerpo en gestación: todo estaba ya escrito en tu libro; todos mis días se estaban diseñando, aunque no existía uno solo de ellos.

SALMO 139:16 (NVI)

Me asombra saber que Dios velaba por mi cuerpo sin forma. Me dio forma moldeándome en el vientre de mi madre. Esa es una visión poderosa; es alentador saber que desde el día en que fuiste concebido y se te dio la vida, tu Creador estuvo presente, viéndote crecer durante 9 meses, e incluso ahora está a tu lado. ¡WOW! Reconocer esta verdad que tuvo lugar trae tal alegría indescriptible. Debemos abrir los ojos de nuestro entendimiento para ver el desarrollo espiritual y mental que ocurre cuando un niño está en el vientre de la madre. En realidad, están escuchando las interacciones diarias de su madre. ¿Has visto a mujeres embarazadas hablar a su vientre, y el bebé responde con movimientos físicos? Cuando el bebé está en el vientre materno, está muy atento a lo que ocurre a su alrededor.

Ya desde la concepción, el enemigo puede utilizar experiencias traumáticas como el rechazo, la opresión y el engaño para sumirte en una existencia parecida a una cueva. Estos son algunos de los síntomas emocionales y psicológicos que uno puede tener después de experimentar un trauma:

> Conmoción, negación o incredulidad
> Confusión, dificultad para concentrarse
> Ira, irritabilidad, cambios de humor
> Ansiedad y miedo
> Culpa, vergüenza, autoculpabilización
> Alejarse de los demás
> Sensación de tristeza o desesperanza
> Sensación de desconexión o insensibilidad

Tómate tu tiempo para examinar cuáles de estos síntomas estás experimentando e identifica los que siguen amenazando tu bienestar emocional, físico o espiritual.

Veamos ahora algunos síntomas físicos relacionados con traumas emocionales y psicológicos:

> Insomnio o pesadillas
> Cansancio
> Se sobresalta con facilidad

➢ Dificultad para concentrarse

➢ Latidos acelerados

➢ Irritabilidad y nerviosismo

➢ Dolores y malestares

➢ Tensión muscular

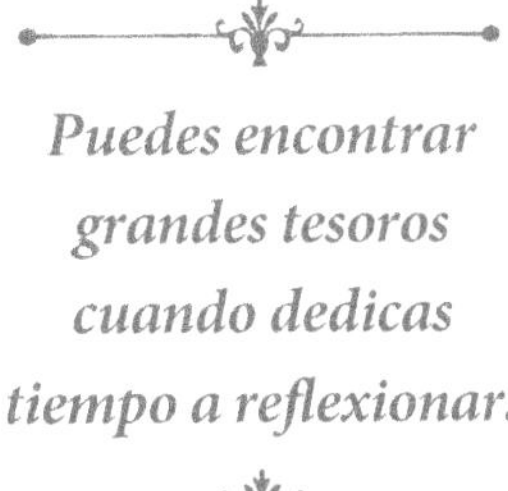

Dedicar tiempo al autoexamen es beneficioso si experimentas alguno de estos síntomas y si te tomas en serio la tarea de identificar las cosas que pueden estar alejándote de la luz del amor de Dios.

Puedes encontrar grandes tesoros cuando dedicas tiempo a reflexionar. El empoderamiento es la autoridad o el poder que se da a alguien para hacer algo. También puede ser el proceso de hacerse más fuerte y tener más confianza en uno mismo, especialmente a la hora de controlar nuestra vida y reclamar nuestros derechos. Reconocerse a uno mismo es el punto de partida hacia la libertad que da poder a un individuo. El empoderamiento puede presentarse de muchas formas: social, educativa, económica, política o psicológica. Cuando buscamos tesoros internamente, tenemos que desprendernos de nuestros problemas. A veces pasamos demasiado tiempo centrados en el problema y no buscando la solución. Nos entretenemos continuamente con traumas del pasado y problemas del presente, que no nos dejan tiempo para encontrar los tesoros que nuestro Creador ha establecido para nuestra libertad.

> *¹⁴Con el poder del Espíritu Santo que vive en nosotros, cuida la preciosa enseñanza que se te ha confiado.*
>
> **2 TIMOTEO 1:14 (NVI)**

Todo lo que ves y haces o dejas de ver en el mundo ha sido creado por alguien. Henry T. Sampson creó el primer teléfono móvil en 1971. Como creador del primer teléfono móvil, sabe cómo maximizar su uso. Lo mismo ocurre con nosotros. Nuestro Creador, Dios, nos ha creado y Él sabe cómo maximizar el potencial de cada ser humano. Él sabe lo que somos capaces de soportar y las circunstancias que podemos superar. Él conoce los talentos, el conocimiento, el poder y la autoridad que ha puesto en nosotros para cumplir nuestro propósito. Esencialmente, una vez que descubras tu propósito, tu razón para vivir, traerás esperanza al mundo. Por eso es importante que te examines a ti mismo para que puedas así desarrollar la mejor estrategia para una vida mucho mejor. Confía en el Fabricante y Creador de tu vida porque Él conoce todos los planes que ha concebido para ti.

> *Porque yo sé muy bien los planes que tengo para ustedes — afirma el Señor—, planes de bienestar y no de calamidad, a fin de darles un futuro y una esperanza.*
>
> **JEREMÍAS 29:11 (NVI)**

Para que el cumplimiento de Jeremías 29:11 suceda, debes concederle a Jesús acceso a tu vida a través de una confesión de tu fe en Él. Al confesar que lo aceptas como tu Señor y Salvador, has activado esta escritura. La palabra salvador significa alguien que salva del peligro y la destrucción. Otra definición es alguien que da su propia vida por la de otra persona. Es importante iniciar una relación con Dios nuestro Salvador, para comenzar este viaje con una base fuerte. ¿Notaste cómo uso las palabras "conceder acceso"? Eso es porque Él no forzará a nadie a hacer nada que viole su libre albedrío. ¿Notaste también que dije "iniciado"? Eso es porque es un proceso, y debes ser paciente con Dios y contigo mismo mientras te transformas en lo que Él destinó que fueras. Experimentarás muchas cosas diferentes mientras haces este ajuste, incluyendo un cambio en cómo ves la vida y a ti mismo. Nuestro Salvador, el Señor Jesucristo, dejó su Espíritu Santo para guiarnos en esta hermosa jornada. Él es la luz que brilla en cada parte de nuestras vidas, equipándonos con el conocimiento, la comprensión y la sabiduría para operar como un solucionador de problemas en lugar de ser el problema. Así es como sanamos la tierra y nos convertimos en un activo para nosotros mismos, las familias, las comunidades, las instituciones, la industria, el reino y el mundo.

La Vida Tiene Sentido, Saber Quiénes Somos es la Clave

Como seres humanos, todos tenemos un profundo deseo de descubrir nuestro propósito en la vida y comprender si ésta tiene algún sentido. Esta búsqueda puede estar plagada de retos y dificultades que nos hagan sentir frustrados y perdidos. Con tantos problemas complejos a los que se enfrenta la sociedad actual, puede ser aún más difícil establecer un sentido de identidad que sea psicológica y socialmente saludable. Quienes luchan con su identidad pueden experimentar una serie de síntomas negativos, como aflicción emocional, relaciones tensas y enfermedades físicas. Además, la necesidad de validación y aprobación externas puede ser una trampa peligrosa que, en última instancia, conduce al rechazo y la desesperación. El artista Lecrae, ganador de un Grammy, lo expresa de esta manera: "Si vives para que la gente te acepte, morirás por su rechazo". Hagas lo que hagas, siempre habrá alguien que tenga algo negativo que decir. La opinión de los demás es como tener un ombligo; cada uno tiene el suyo. Sin embargo, la opinión de los demás no se impone a tu propia voz. Buscar la aprobación de la gente es lo que puede haberte metido en una cueva llena de engaños e inseguridades. Cuando buscas la aprobación de los hombres, pierdes quién eres y pones en peligro la misión que Dios te ha dado al ponerla en las manos equivocadas. Tu viaje hacia la verdad comienza con el autoconocimiento y termina con el autodominio.

A veces, las personas no son conscientes de lo que no saben. Puede que no hayan tenido la oportunidad de aprender a completar una tarea específica o de abordar un problema similar al que se enfrentan actualmente. Como resultado, pueden sentirse atascados, y los que les rodean pueden no comprender las dificultades que están experimentando para avanzar. Esta situación podría llevarles a quedar atrapados permanentemente en un estado de ignorancia. Es crucial darse cuenta de que la ignorancia puede ser un obstáculo. Imagina vivir toda tu vida sin aprender, crecer o progresar. La ignorancia puede convertirse fácilmente en un hábito para alguien. Para superarla, hay que tener un encuentro con el Espíritu Santo, que puede revelar las propias deficiencias y provocar un cambio de mentalidad, lo que lleva a una reeducación, a la expansión del conocimiento y la comprensión, y a la capacidad de recibir la sabiduría de Dios.

Comparemos dos palabras clave que a menudo se confunden en la última frase, sabiduría y conocimiento. La principal diferencia entre ambas palabras es que la sabiduría implica una buena dosis de perspectiva y la capacidad de emitir juicios acertados sobre un tema, mientras que el conocimiento es simplemente saber. En otras palabras, una persona necesita ambas cosas para vivir una vida de libertad y fructificación, que muchos desean. El conocimiento es poder; la ignorancia es debilidad. Sal de la ignorancia y deja que la luz te guíe.

Cuando el Espíritu Santo enciende la luz de la sabiduría de Dios y nos hace comprender, debemos acogerla como el don que es. Ten cuidado de no malinterpretar o rechazar el don, porque podrías quedar atrapado en la ignorancia, no sólo para tu generación, sino para muchas generaciones venideras.

Mi pueblo fue destruido porque le faltó conocimiento. Por cuanto desechaste el conocimiento, yo te echaré del sacerdocio; puesto que olvidaste la ley de tu Dios, también yo me olvidaré de tus hijos.

ÓSEA 4:6 (RVR95)

El conocimiento aporta libertad a tus hijos y a los hijos de tus hijos. Cuanto más conocimiento adquiera una persona en la vida, más prevalecerá. No racionalice o justifique el lugar en el que se encuentra actualmente. Estamos constantemente rodeados de engaño y creemos que es verdad cuando Dios tiene mucha más sabiduría disponible para nosotros. A menudo, confiamos en otras cosas para que piensen por nosotros, como la tecnología, otras personas o las normas culturales y sociales. Cuando hacemos eso, apagamos el Espíritu Santo y permitimos que otras influencias tomen control de nuestras vidas. Esta mentalidad debe cambiar para poder ver la luz y salir de la cueva hacia nuestro destino.

5 Este es el mensaje que hemos oído de él, y os anunciamos: Dios es luz, y no hay ningunas tinieblas en él. 6 Si decimos que tenemos comunión con él, y andamos en tinieblas, mentimos, y no practicamos la verdad; 7 pero si andamos en luz, como él está en luz, tenemos comunión unos con otros, y la sangre de Jesucristo su Hijo nos limpia de todo pecado.

1 JUAN 1:5-7

La luz siempre ha sido símbolo de santidad, bondad, conocimiento, sabiduría, gracia, esperanza y revelación de Dios.

La luz siempre implica la eliminación de las tinieblas en el desarrollo de la historia y la teología bíblicas. Por el contrario, las tinieblas se han asociado con el mal, el pecado y la desesperación.

La luz es el Espíritu Santo. Cuando la luz brilla, su tarea es sacar a la luz todo lo que necesita ser examinado y que no está contribuyendo a que vivas una vida abundante. Es tiempo de permitir que la luz entre en la cueva y destruya las cadenas que tan fácilmente nos atan a las mentiras del enemigo, Satanás. La luz ha vencido a las tinieblas.

La luz de Dios que es accesible para ti hoy está aquí para revelarte que has estado en la cueva por demasiado tiempo. Es hora de salir. Toda persona merece vivir en libertad. Toda persona merece ser feliz. La clave está en comprender que la luz te guía fuera de la oscuridad y te mueve hacia tu propósito.

¿Estás preparado para salir de la cueva?

¿Puedes percibir que algo grande se acerca a ti al otro lado de la oscuridad?

> *[19] ¡Voy a hacer algo nuevo! Ya está sucediendo, ¿no se dan cuenta? Estoy abriendo un camino en el desierto, y ríos en lugares desolados.*
>
> **ISAÍAS 43:19 (NVI)**

¡Dios está listo para hacer algo nuevo en tu vida! ¿Estás listo para caminar en la luz?

CAPÍTULO 2

PONIÉNDOLO SOBRE LA MESA: ¿EL POR QUÉ?

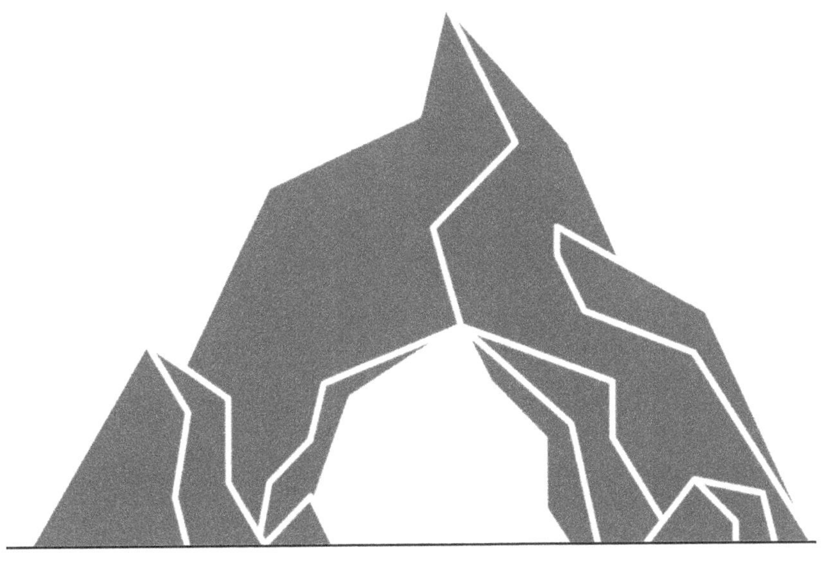

Todo lo que hacemos en la vida es una respuesta automática a un por qué. Puede que no sepamos cuál es el "por qué", pero Dios sí lo sabe. Cuando pienso en la palabra POR QUÉ, me vienen a la mente las siguientes palabras.

➢ What (Qué)

➢ Has ⎤
➢ You ⎦ tienes

Tu por qué es la causa interna de cada efecto externo. La Ley de Causa y Efecto establece que las buenas causas producen buenos efectos y las malas causas producen malos efectos. Del mismo modo, tu causa (pensamientos/hechos) produce tu efecto. Lo que hoy ocupa tu mente acabará llenando tu boca, y las palabras que pronuncies acabarán convirtiéndose en realidad. James Allen, autor de *As a Man Thinketh* (Como Piensa un Hombre) dijo:

"Las condiciones externas de la vida de una persona siempre se encontrarán armoniosamente relacionadas con su estado interior... Los hombres no atraen aquello que quieren, sino aquello que son."[4]

Cuando hagas una auditoría de tus pensamientos, tienes que llevar un diario para anotar los pensamientos que pasan por tu mente. Tienes que anotar por qué tienes ese tipo de pensamientos para

---

[4] https://www.goodreads.com/quotes/44457-the-outer-conditions-of-a-person-s-life-will-always-be#:~:text=%E2%80%9CThe%20outer%20conditions%20of%20a%20person%27s%20life%20will,are.%E2%80%9D%20%E2%80%95%20James%20Allen%2C%20As%20a%20Man%20Thinketh

establecer un patrón de pensamiento. ¿Qué semillas están unidas a estos pensamientos que están produciendo frutos deseables o indeseables? Una semilla es una metáfora de un pensamiento, sentimiento, palabra, acción o cualquier cosa que pueda reproducirse. Cuando llevas frutos deseables, te aceleras a través de puertas de oportunidades porque todos desean los frutos que llevas.

Cuando la gente va a comprar un producto, a menudo no lo compra por lo que hace; compran el *por qué*. Las grandes empresas no contratan a personas cualificadas y las motivan; contratan a personas ya motivadas y las inspiran para que aprendan la habilidad. Las decisiones se toman en función de tres niveles:

1. qué hacemos
2. cómo lo hacemos
3. por qué lo hacemos

Es muy común que las personas sepan lo que hacen y cómo lo hicieron, pero el misterio es el *por qué*. Para vivir la plenitud de la vida, debes tener los tres niveles. Cuando te falta el *por qué*, empiezas a perder la pasión por tus acciones. Por ejemplo, cuando vas a trabajar empiezas a perder interés, empiezas a sentirte perezoso y llegas constantemente tarde a lo que parecía ser el trabajo de tus sueños. Lo mismo ocurre en las relaciones. Cuando inicias una relación, tú *por qué* parece claro, pero a medida que pasa el tiempo, tú *por qué* puede empezar a cambiar, y pierdes el interés por tu pareja. Cuando te tomas tiempo para auditar tus *porqués*, tu vida empieza a cambiar drásticamente; empiezas a encontrar una felicidad y una pasión que nunca antes habías experimentado. Cuando conoces tus *porqués*, el filtro está claro, y tienes una mejor visión de la vida y sabes cuándo decir no o sí. Te das cuenta de que tus decisiones tienen el poder de aportar un nivel de alegría, paciencia y sabiduría a la vida de alguien y te conviertenen un solucionador. Si no sabes tu por qué, te costará mucho entender el por qué de los demás. Entender el *por qué* de otra persona puede ayudarte a crecer en los negocios, las relaciones y muchas otras áreas de la vida. La clave está en dedicar continuamente tiempo a la autorreflexión. Este tiempo te ayudará a mantenerte al tanto de tus *porqués* y a asegurarte de que sirven a nuestra sociedad. Tu "*por qué*" siempre debe aspirar a mejorar el mundo. Puedes hacerlo compartiendo, dando y ayudando. Por desgracia, cuando no sabemos cuál es nuestro *por qué*, acabamos haciendo lo contrario.

¡Así que echemos un vistazo a por qué hacemos lo que hacemos!

Constantemente tomamos decisiones a diario, pero ¿sabes por qué las tomamos? La mayoría de las veces, nuestras decisiones se toman debido a una respuesta interna a una circunstancia adversa que produce una semilla negativa. Una semilla es una metáfora de un pensamiento, sentimiento, palabra, acción o cualquier cosa que pueda reproducirse. Cuando una semilla se planta en el suelo, la semilla está buscando fertilización para madurar. Los seres humanos somos como la tierra, ya que nos nutrimos de nuestro entorno.

Por ejemplo, cuando alguien planta una semilla de rechazo, la semilla exigirá agua, sol y atención para crecer, y la tierra madura la semilla de rechazo y como su origen fue malo, producirá frutos malos.

La rebelión es a menudo un subproducto del mal fruto del rechazo. Como pastora, he aconsejado a muchos individuos que respondieron con rebelión cuando fueron rechazados por sus cuidadores. A menudo se ve esto especialmente durante sus años de adolescencia. Esto lleva a un comportamiento autodestructivo que finalmente puede llevar a la muerte. De acuerdo a UCLA health, "El suicidio es la segunda causa de muerte entre personas de 15 a 24 años de edad en los Estados Unidos. Casi el 20% de los estudiantes de secundaria reportan pensamientos serios de suicidio y el 9% han hecho un intento de quitarse la vida, de acuerdo a la Alianza Nacional de Enfermedades Mentales"."[5]

Otra forma en que se riega una semilla es cuando comparas tu vida con la de otra persona. Si creciste sin padre, puede que rechaces o

---

[5] https://www.uclahealth.org/news/suicide-rate-highest-among-teens-and-young-adults

desees el padre de otra persona. Cuando ves a un niño pequeño de la mano de su padre, te quedas continuamente mirando y contemplando, deseando ser ese niño y preguntándote por qué tu padre no te aceptó. Como sigues regando y prestando la atención que la semilla desea, empezarás a expresar ira y rabia por el rechazo que sientes. El rechazo puede convertirse en una infección que te cegará haciéndote creer que nunca serás aceptado en este mundo, y eso puede acarrear graves consecuencias.

Examina las semillas del corazón a la luz del amor de Dios.

Para vivir una vida plena de abundancia y alegría en todas las áreas de nuestra vida, debemos examinar las semillas que han sido plantadas en nuestro suelo –el corazón. La luz del Espíritu Santo es necesaria para examinar tu suelo. Él puede entrar en tu corazón y revelarte las semillas que deben ser desarraigadas para avanzar en tu propósito. Recuerda, la luz es la única fuente que puede iluminar lugares donde reina la oscuridad.

23Examíname, oh Dios, y conoce mi corazón; pruébame y conoce mis pensamientos; 24 y ve si hay en mí camino de perversidad, y guíame en el camino eterno.

SALMO 139:23-24 (RVA)

La luz te conducirá a la vida eterna y nunca querrás volver a la cueva de las tinieblas. Es crucial que reconozcamos la semilla, para que seamos más conscientes de nuestras decisiones diarias. Cuando me refiero a decisiones diarias, me refiero a los hábitos diarios que te han llevado al lugar en el que te encuentras ahora. Por ejemplo, no vivas una vida apresurada. Debemos aprender a hacer una pausa y meditar sobre nosotros mismos, lo que forma parte del autocuidado. ¿Cómo puedes cuidar de verdad a los demás si no te cuidas a ti mismo? El Señor nos dejó un mandamiento importante, y es:

> *37 Jesús le dijo:—"Amarás al Señor tu Dios con todo tu corazón, con toda tu alma y con toda tu mente." 38 Éste es el primero y grande mandamiento. 39 Y el segundo es semejante: "Amarás a tu prójimo como a ti mismo."*
>
> **MATEO 22:37-39 (RVR95)**

Este pasaje te ayudará a comprender la importancia del autocuidado. Es esencial que dediques tiempo a conocerte a ti mismo. Debes llegar al nivel de saber quién eres en Cristo y aceptarlo. Cuando dedicas tiempo a ti mismo, puedes amar verdaderamente a tu prójimo y demostrarlo a través de actos de servicio. Algunas personas hacen actos de servicio esperando algo a cambio y creen que eso es amor. Amor es cuando decides morir a tus propios deseos en beneficio de tu prójimo sin esperar nada a cambio. Cuando alguien realiza un acto de bondad y no se ha expresado la expectativa de compensación, esto puede llevar a problemas debido a la falta de comunicación. Lo triste es que la persona que ha recibido el beneficio puede no tener ni idea de esta expectativa de compensación, y ahí es cuando empiezan los problemas. Sin embargo, si esta situación se aborda con la clase de amor de Dios por ambas partes, puede resolverse fácilmente. Cuando amas a Dios con todo tu corazón, puedes amarte sobrenaturalmente a ti mismo y a los demás sin atribuir un costo a ese amor.

Dios quiere que el amor sea nuestra motivación para todo lo que hacemos. Cuando se trata de tomar decisiones, el *por qué* (el motivo de tu corazón) es importante, y muchos de nosotros ignoramos el *por qué*. Es importante investigar la razón por la que estás reaccionando a algo revisando el motivo de tu corazón. Pregúntate a ti mismo por qué estás haciendo esto, y luego pregúntale a Dios por qué. El Salmo 139:23 dice: *Examíname, Dios, y conoce mi corazón; pruébame y conoce mis pensamientos ansiosos.*

¡La Semilla Motiva Tu Por Qué!

Las personas que siempre están de mal humor se preguntan por qué no atraen a la gente. Esto se debe a que su pensamiento original o semilla es negativa y poco atractiva, como la fruta que sabe amarga y desagradable en lugar de dulce y deliciosa. El mundo ya tiene suficiente negatividad, como la ira y la amargura, pero los frutos de Dios son diferentes. La solución a este problema se encuentra en la jornada "Recuperar Tu Propósito en un Mundo Confundido", donde identificarás los pensamientos y emociones negativas que deseas eliminar. Es común sentirse insatisfecho con uno mismo o con sus posesiones, pero ha llegado el momento de enfrentarse a estos sentimientos negativos.

¡Entender tu por qué te da un propósito!

Puede que tengas un deseo innato de lograr muchas cosas, pero como no sabes tu *por qué*, puedes sentirte perdido. Algunos incluso pierden oportunidades que se les presentan debido al miedo, la vergüenza, la auto-condena y el sentimiento de no ser

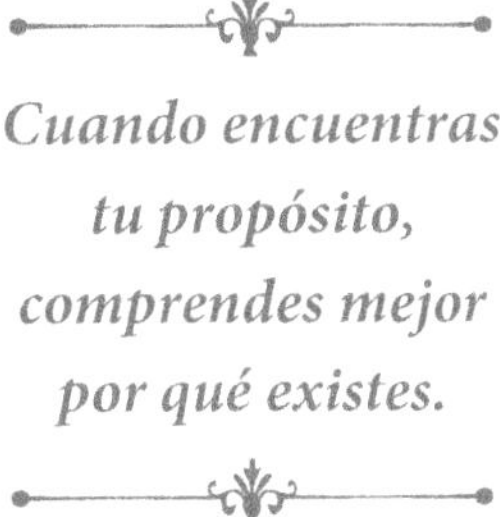

Cuando encuentras tu propósito, comprendes mejor por qué existes.

digno. Cuando conoces tu *por qué*, puedes anular la resistencia emocional que conlleva. Al examinar tus *porqués*, te darás cuenta de que muchas de las cosas que has estado haciendo están robando tiempo, energía, esperanza y recursos a tu propósito. Recuerda que tu propósito es lo que te da vida. Es la razón por la que existes.

Cuando encuentras tu propósito, comprendes mejor *por qué* existes. Nuestro *por qué* es lo que damos al mundo, y debemos mirar en nuestro interior para descubrirlo. Tu *por qué* es lo que te impulsa a hacer lo que sea que hagas profesional o personalmente: madre, entrenadora, profesora, policía, etc. Conocerte a ti mismo te ayudará a entender mejor tu propósito y a identificar las áreas que necesitan algunos ajustes. Por ejemplo, el *por qué* es como el volante de tu vehículo; cuando se dirige en una dirección determinada, las ruedas del coche te llevan a tu destino. Por ejemplo, siempre que tengas hambre, conducirás hasta un restaurante para comer algo. Cuando tienes cuentas pendientes, te buscas un trabajo para pagarlas. Cuando estás listo para asentarte y formar una familia, encuentras una esposa y te casas.

Tu *por qué* es el combustible que impulsa todas las acciones que realizas en la vida. Tiene el poder de impulsarte hacia tu destino y liberarte del miedo y la ansiedad. Te da el valor y la fuerza para ser la solución a los problemas. Tu *por qué* debe estar en sintonía con tu auténtico yo, especialmente cuando realizas actos de servicio. Nunca debe ser un *por qué* egocéntrico porque limita el resultado positivo de tus acciones. Tu *por qué* impulsa lo que haces. Si estás motivado por un beneficio egoísta, ya sea personal o lucrativo, puede tener un efecto negativo en tu resultado.

Buscar la validación de los demás disminuye tu por qué.

Estás hecho a imagen de Cristo. Buscar la validación de cualquier otra fuente disminuye tu *por qué*. Por ejemplo, en la cultura actual, los adolescentes pueden estancarse en la búsqueda de aprobación y validación de sus compañeros. Crean una cueva donde la aceptación de sus compañeros es esencial para su autoimagen y valor intrínseco. En casos extremos, esto puede volverse adictivo.

Las cuatro fases de la adicción también pueden aplicarse a la búsqueda de la aprobación de otros o ser complacientes con la gente. Éstas son las distintas etapas en las que puede encontrarse un adolescente a medida que avanza en su uso.

1. **La Etapa Experimental** - es cuando un individuo hace algo voluntariamente, sin experimentar ninguna consecuencia negativa, y a menudo es aceptado y alentado por su comportamiento. Por ejemplo: El adolescente puede publicar algo negativo sobre un compañero de clase por primera vez y consigue muchos likes.

2. **Etapa de Uso Ocasional** - es cuando la actuación ocasional se convierte en algo habitual y pasa a formar parte de una rutina. Por ejemplo: El adolescente puede empezar a revisar sus redes sociales todos los días después de la escuela antes de terminar sus tareas.

3. **La Etapa de Alto Riesgo** - es cuando el deseo de reconocimiento y aceptación se vuelve insoportable, y puede llevar al individuo a hacer cosas que normalmente no haría, como sacrificar el tiempo en familia para estar en sus teléfonos o permanecer encerrado en su habitación durante largos períodos de tiempo.

4. **Etapa de Adicción** - es cuando el individuo ha entrado en una dependencia total de la aprobación y aceptación de los demás; cuando no la recibe, se vuelve ansioso, errático,

discutidor, a veces hasta el punto de enfadarse cuando se ve obligado a separarse de su teléfono o dispositivo electrónico.

Conseguir la aprobación de los demás suele ser agradable y puede ser un camino hacia múltiples oportunidades a nivel personal y profesional. Pero gastar tu energía en buscar la aprobación también tiene un precio, como vemos arriba en nuestro ejemplo. No hay nada que sea más perjudicial para tu *por qué* y que te impida ser tu auténtico yo que cuando diseñamos nuestras vidas para apaciguar a los demás. Cuanto más valoramos las opiniones de los demás, menos valoramos nuestro propio valor inherente. No importa lo que nuestra sociedad quiera hacernos creer, nuestra autoestima es algo que decidimos por nosotros mismos.

Si decides que tu valor depende totalmente de cómo te perciben los demás, entonces eres adicto a la aprobación. Además, al buscar la validación de otra persona, estamos viviendo una vida que no es la nuestra. ¿Has desarrollado hábitos perjudiciales para tu salud mental y física? ¿Tienes miedo al rechazo? Por ejemplo, escuchar cierta música, consumir sustancias ilegales e incluso apoyar determinadas opiniones políticas o religiosas sólo para ganarte la aprobación de un determinado grupo de personas. Al hacer esto, puede que te conviertas en parte de una multitud popular, pero lo estás cambiando por el regalo de autenticidad que Dios te ha dado. ¿Te estás engañando a ti mismo? Al fin y al cabo, una persona que vive una vida auténtica gana más respeto que alguien cuyo único objetivo es apaciguar a los demás. La adicción a la aprobación puede aprisionarte.

¡Debes crear tu propia identidad!

Debes tener la intención de crear tu propia identidad. De lo contrario, te verás relegado a una vida mediocre en la que otros deciden quién eres y establecen tus *porqués* personales por ti. No lo permitas. La mediocridad es un lugar donde tus sueños y tu potencial van a morir. Te prometo que Dios ha puesto en ti más de lo que otras personas pueden imaginar. No intentes encontrar lo mejor de ti mismo a través de la aprobación de los demás. El autodescubrimiento es la clave para identificar quién eres realmente, y permitir que el Espíritu Santo sea tu guía.

La adicción a la aprobación puede aprisionarte.

Una cosa que afecta al mundo es la falta de gente que se tome tiempo para evaluar sus *porqués*. Puede que pases más tiempo haciendo que siendo. Algunas personas consiguen un trabajo porque necesitan sobrevivir y maltratan a los clientes porque no disfrutan lo que hacen. Otros se precipitan en las relaciones porque quieren llenar el vacío de la soledad. Cuando se casan, se dan cuenta de que eso no resolvió el problema. Mientras la gente siga tomando decisiones sin examinar su *por qué*, el mundo en que vivimos seguirá contaminándose con sus efectos nocivos. Por ejemplo, algunas adolescentes crecen sin padre, y el fruto de esa semilla maligna de abandono se manifiesta a través del sentimiento de rechazo. Ahora se encuentran en situaciones en las que quieren regar esa semilla. Comienzan a buscar en otros el amor que no recibieron de su padre. Una vez que la adolescente cede a ese deseo, puede terminar con un embarazo no deseado, y ese niño termina siendo criado por una madre soltera. Es triste ver que estas cosas suceden continuamente en la sociedad.

La solución es hacerse algunas preguntas de *por qué*. Si le preguntas a alguien por qué está en la relación en la que está actualmente, su respuesta es porque le ama. Pero ¿es esa una respuesta suficientemente buena a su *por qué*? ¿Por qué le amas? ¿Por qué le elegiste? Una vez que responda a estas preguntas, sabrá si la relación es sana. Examinar tu por qué es una valiosa herramienta de evaluación que está a tu disposición siempre que la necesites. Utilízala y puede que te evites algún dolor de corazón.

¿Qué tiene que ver la libertad con esto? ¡todo!

Muchas personas dan la vida por sentada e ignoran la importancia de la libertad. La libertad es un estado de exención del poder o el control de otro. Es la capacidad de decir no incluso cuando quieres decir sí, porque sabes que las consecuencias tienen la probabilidad de arruinarte la vida.

23 Todo me es lícito, pero no todo conviene; todo me es lícito, pero no todo edifica. 24 Nadie busque su propio bien, sino el del otro.

1 CORINTIOS 10:23-24 (RVR95)

Puedes hacer todo lo que quieras, pero no todo es bueno para ti. Algunas de tus acciones pueden perjudicarte a ti mismo y a los demás. Cuando eso ocurre, se habla de un mal uso de la libertad. Vivimos en un mundo en el que la gente tiende a creer que tiene la libertad de hacer lo que quiera sin esperar consecuencias de ningún tipo. Tu libertad está destinada a edificarte a ti y a los demás, aportando unidad y armonía a tu comunidad. La libertad es un don que recibimos a través de Jesucristo para disfrutar y edificar a las generaciones venideras. Si estás leyendo este libro y no conoces a Jesucristo como tu Señor y Salvador, oro para que lo aceptes hoy. (Al hacerlo, experimentará la verdadera libertad que sólo viene a través de Él. La libertad te da la capacidad de amarte de verdad a ti mismo y a los demás. De lo contrario, podemos estar en un camino de autodestrucción. Cuando rechazamos la luz del amor de Dios, abrimos la puerta a los poderes destructivos de Satanás. La autodestrucción es cuando uno hace cosas para dañarse a sí mismo, ya sea emocional o físicamente. Esta persona puede tener constantemente pensamientos suicidas y la oscuridad la ciega, por lo que no puede ver la bondad y la belleza que la rodea.

En algunos casos, el trauma infantil contribuye al inicio de comportamientos autodestructivos hasta el punto de que pueden sabotear las relaciones personales y profesionales. La persona no tiene energía para dedicarse plenamente a la vida cotidiana. Tienen la misión de destruirse a sí mismos cueste lo que cueste. Esto es triste porque están completamente desenfocados.

Si usted está experimentando esto, debe hacer un intento deliberado de mantenerse enfocado en la jornada para descubrir su propósito.

Los pensamientos destructivos vienen de Satanás. Al aceptar a Jesús como tu Señor y Salvador, la luz de Su verdad entra y expone los planes del enemigo. ¡Fuiste creado admirablemente! Él no quiere que sepas que Dios te diseñó para ser así. La gente a menudo se asusta cuando mencionas hacer de Jesucristo tu Señor y Salvador, porque no entienden lo que significa. Cuando alguien no entiende algo, tiende a rechazar una idea sin conocer completamente sus beneficios, especialmente si no es popular. La palabra *salvador* significa, *una persona que rescata a otra del peligro, y una persona que ayuda a otros a hacer lo que no pueden hacer por sí mismos.* Si estás luchando con algo, Jesús puede ayudarte con ello. Es a través de la oración que te comunicas con Jesús con respecto a todo y a cualquier cosa. Una de las cosas que puedes hacer a través de la oración es orar sin limitaciones.

⁷ "Pidan, y se les dará; busquen, y encontrarán; llamen, y se les abrirá. ⁸ Porque todo el que pide, recibe; el que busca, encuentra; y al que llama, se le abre."

MATEO 7:7-8 (NVI)

Una postura de oración te coloca en el asiento ganador. La oración no tiene limitaciones geográficas, lo que significa que puede llegar a lugares a los que tú no puedes. Es una forma importante de comunicación cuando necesitas la intervención divina. Pide al Espíritu Santo que te ayude a alinear tus *porqués*. Una vez que recibas la ayuda y la guía, verás que las cosas cambian en una dirección totalmente diferente, pero todo comienza con aceptar a Jesucristo como tu Señor y Salvador.

Una vez que reevalúes tu *por qué*, entenderás la razón detrás de la negatividad en tu vida. Esto te ayudará de muchas maneras y en diversas áreas. A través de tener una relación con Jesucristo, puedes ganar control sobre tu vida otra vez. Estas

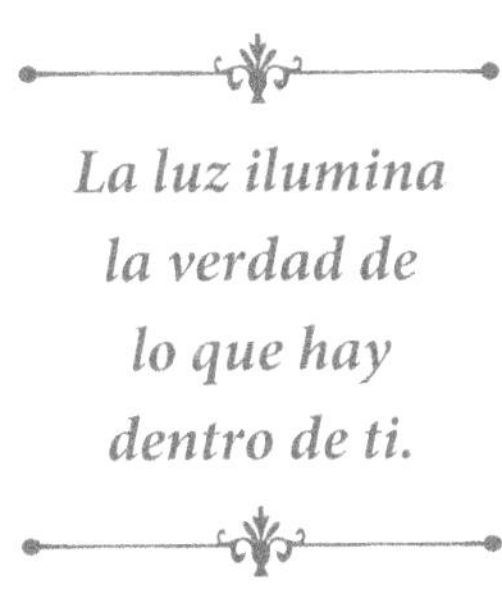

equipado para superar todos los obstáculos con la ayuda del Espíritu Santo. No podrás hacerlo solo porque necesitas que la luz de Dios brille en los lugares oscuros de tu vida. La luz ilumina la verdad de lo que hay dentro de ti. Cuando traes la verdad a un lugar donde solo ha habitado la oscuridad, puede que te sientas incomodo, pero esto es solo temporal. Al final disfrutarás de este viaje porque te acerca a vivir una vida auténtica y alegre. Al comprender el poder de tu *por qué*, también puedes adquirir una mayor capacidad para influir y ayudar a los demás.

¡Así que vamos a ocuparnos de descubrir el verdadero tú!

Ha llegado el momento de sentarse y descubrir quién es tu verdadero yo. Inicialmente querrás hacer una lista de las semillas positivas y negativas (pensamientos originales) que puedas tener sobre ti mismo. Escríbelos en un trozo de papel o en una página electrónica o cuaderno. Haz dos columnas, y etiqueta una NEGATIVA, y la otra POSITIVA. Una vez que hayas terminado pon cada descripción que sea negativa, como por ejemplo: "Soy feo. No sirvo para nada, los demás parecen ser más listos que yo. Soy pobre. Mi padre me abandonó, soy un bastardo", en esa columna. Ahora, escribe todos los pensamientos positivos, como: "Soy guapa. Mi madre me quiere. Soy un buen estudiante, etc.", en la otra columna. A medida que sigas escribiendo, va a ocurrir algo asombroso; empezarás a reconocer que algunas de estas semillas han estado influyendo tu eficacia en diferentes áreas. Esto es bueno porque significa que estás llegando a conocer tu verdadero yo. Al ponerlo sobre la mesa se inicia el proceso. No tengas miedo de escarbar en tu interior; cuando lo hagas, no tengas miedo de lo que encuentres. Recuerda que conocer el estado actual de tu por qué tiene el poder de revolucionar tu vida.

Con la ayuda del Espíritu Santo, ¡encontrar y enfrentarte a tu auténtico yo es una de las maneras más poderosas de encontrar tu verdadero propósito!

CAPÍTULO 3

PLAN DE ROMPIMIENTO

Mayor es el que está en ustedes, que el que está en el mundo.

1 JUAN 4:4 (ESV)

La gente a menudo se siente atraída por individuos más grandes que la vida, ¡y ese individuo puedes ser tú! Estas son las palabras que resonaron continuamente en mí cuando entré en el proceso de rompimiento. Un rompimiento significa que has roto todas las barreras y obstáculos que te han impedido alcanzar los deseos de tu corazón. Has destruido completamente los intentos de Satanás de robar, matar y destruir tu vida. Eso es algo que el mundo no puede hacer. Cuando estás presionado por un cambio—ya sea en tus finanzas, salud, o relaciones—es fácil mirar hacia donde todos miran—al mundo. El mundo ofrece cantidad de supuestas "soluciones". A menudo parecen ser la puerta a una vida mejor, pero cuando entras por esa puerta te das cuenta de que fuiste engañado por su seductora propuesta. Esto se ve a menudo en los anuncios que promueven que hay una medicina para cada síntoma bajo el sol, un préstamo para cada dificultad financiera y un enfoque de moda para las relaciones a la vuelta de cada esquina. Pero ¿te has dado cuenta alguna vez de que estas soluciones rápidas no siempre funcionan? En el mejor de los casos, ponen una venda en el problema subyacente que sigue sin abordarse y a la espera de volver a surgir. No llegan a la raíz. No te proporcionan lo que más deseas—*Rompimiento.*

Si has estado buscando en fuentes externas para arreglar tu cuerpo, tu matrimonio o tus finanzas, estás buscando en el lugar equivocado. *Tu rompimiento está dentro de ti.* Dentro de ti hay un lugar donde

descubrirás tu verdad y encontrarás el coraje para vivirla en tus propios términos. Ahora, para hacer eso, debes entender que no puedes hacerlo sin la luz del Señor. La luz es importante en tu vida para acallar la confusión que existe en nuestros ambientes; debemos conocer la verdad. La verdad se encuentra en la Palabra de Dios. La verdad habita en nosotros por medio del Espíritu Santo. El Espíritu Santo es la persona que Jesucristo dejó como consejero después de su muerte y resurrección, para guiarnos en la vida como creyentes. El Espíritu Santo es el que ilumina una habitación para que veas lo que hay dentro. La luz también revela las cosas pequeñas que son difíciles de captar. Él es la luz que expone todas las cosas en las que necesitamos trabajar que eventualmente nos llevaran al rompimiento que deseamos. Muchos individuos desean un rompimiento, pero no desean la luz efervescente del Espíritu Santo para el rompimiento. Ellos creen que entrar a un cuarto con una linterna es suficiente para iluminar el cuarto y borrar sus inseguridades, limitaciones autoimpuestas, y temores. Pero mi pregunta sería, ¿cómo? Si solo tienes dos manos y usas una para sostener la linterna, te limitarás en lo que puedes hacer.

Echemos un vistazo a algunos de los problemas que puede causar:

> ➤ Una linterna de mano no está diseñada para iluminar toda la habitación simultáneamente.

> ➤ Sujetar una linterna resta fuerza a las dos manos. Pongamos esto en perspectiva. Supongamos que tienes que llevar una caja pesada que requiere el uso de las dos manos de la habitación oscura A a la habitación oscura B. ¿Cómo lo harías? Necesitas ver, y requieres ambas manos. Se convertiría en una tarea casi imposible de realizar.

> ➤ Debido a la iluminación limitada, puedes tropezar y caerte.

> ➤ La linterna funciona con una batería, lo que significa que la potencia de la linterna está limitada a la vida útil de la batería.

> ➤ La linterna está controlada por un individuo. El individuo decide si quiere utilizarla o no.

La luz es extremadamente importante cuando quieres maniobrar por una habitación oscura llena de cosas, especialmente si la habitación está desordenada. Muchas personas tienen un desorden interior, pero siguen queriendo utilizar una linterna para iluminarlo. Queremos un rompimiento, pero queremos controlar el proceso. ¡Eso no funcionará en absoluto! Por eso se necesita luz natural, algo como el sol, que lo ilumine todo para facilitar el proceso de limpieza. Esto es lo que llamamos un gran rompimiento. Como puedes ver, es imposible seguir con el método de la linterna para hacer un trabajo a fondo.

> *5 Confía en el Señor de todo corazón, y no en tu propia inteligencia.*
>
> *6 Reconócelo en todos tus caminos, y él allanará tus sendas.*
>
> *7 No seas sabio en tu propia opinión; más bien, teme al Señor y huye del mal.*
>
> *8 Esto infundirá salud a tu cuerpo y fortalecerá tu ser.[a].*
>
> **PROVERBIOS 3:5-8 (NVI)**

Hay cosas en la vida que crees controlar, pero en realidad ellas te controlan a ti. Se han convertido en tu amo sin que te des cuenta. Has llegado a un acuerdo con ellas, y ahora te has convertido en su esclavo. Ahora eres adicto a lo que sea. ¿Cómo ha sucedido esto? Pregúntate qué pasa cuando te sientes deprimido. ¿A quién o a qué corres? ¿Quién es tu salvador? Cualquier cosa a la que corras se ha convertido en tu amo. Como hijos de Dios, debes correr a tu Padre Celestial diariamente a través de la oración, el ayuno y la meditación en su Palabra.

Por desgracia, no tenemos que ir muy lejos para ver a personas que se han convertido en esclavas de la adicción. Simplemente caminando por las calles, se ven adictos que buscan desesperadamente sobrevivir. En algún momento de sus vidas, pensaron que tenían el control hasta que su apetito se volvió incontrolable. Ahora la adicción pone un yugo en su cuello, controlando cada uno de sus pensamientos, palabras y acciones. Muchas personas creen que tienen suficiente fuerza en sí mismas para controlar cosas como la ira, el resentimiento, la falta de perdón, la violencia, el alcohol, los traumas, las drogas, la prostitución, etc., sin darse cuenta de que, aunque parezca fácil de controlar, no lo es. No te dejes engañar por su alivio temporal, con el tiempo, se apoderará de ti.

¡Tu cerebro es una poderosa supercomputadora!

Tu cerebro funciona como una super computadora y requiere un mantenimiento periódico. Hay que actualizar el software, proteger la batería y limpiar el disco duro para que funcione a su máximo potencial. El cerebro se mueve continuamente y nunca se detiene porque busca un propósito. Está esperando a que le des una tarea porque desea desesperadamente completarla. Para eso está diseñado. Algunas personas quieren que su mente deje de pensar porque están estresadas. Son incapaces de controlarla. Esto le impide hacer aquello para lo que está diseñada. Tienes un cerebro increíble y necesitas cuidarlo con regularidad. A veces puedes obsesionarte con tu aspecto exterior, pero también debes prestar atención a tu cerebro. Debes renovarlo a diario.

² No se amolden al mundo actual, sino sean transformados mediante la renovación de su mente. Así podrán comprobar cuál es la voluntad de Dios, buena, agradable y perfecta.

ROMANOS 12:2 (NVI)

"Estamos llamados a cambiar el mundo, no a perseguir el mundo."

- DRA. CINDY TRIMM

¿Qué quiso decir Pablo con "la renovación de tu mente"? En pocas palabras, renovar tu mente es el proceso de cambiar las mentiras por la verdad. Es el cambio de tu manera natural de pensar por la manera de pensar de Dios. Esto significa que renovar tu mente es mucho más que conocer información adicional o el poder del pensamiento positivo. Hay quienes piensan que el problema fundamental de la mente es que no tiene el conocimiento que necesita. Por lo tanto, simplemente más educación es la conclusión natural al problema percibido. Todo lo que necesitas es "saber más" y te convertirás en una persona mejor. Algunas personas piensan que el problema de la mente es que se detiene demasiado en pensamientos negativos en lugar de positivos, pero la Biblia tiene un diagnóstico más profundo. Enseña que necesitas más que nueva información; tu mente misma necesita ser renovada. Necesitas más que el poder del pensamiento positivo; necesitas el poder de la manera de pensar de Dios. Profundicemos un poco más.

En Efesios 4:23, Pablo dice que debes ser "renovado en el espíritu de tu mente". Ahora, ¿qué es "el espíritu de tu mente"? Es el poder o principio gobernante de tu mente. Piénsalo de esta manera - la mente humana es como un cine. No sólo tiene una pantalla de imágenes y pensamientos al azar; tiene un proyector que está configurado para ejecutar pensamientos e imágenes particulares en esa pantalla. Esto es lo que algunos llaman su "mentalidad", y debido a la caída, la mente humana está configurada para proyectar mentiras en lugar de verdad, e imágenes falsas en lugar de imágenes verdaderas. Este es el problema fundamental de la mente que necesita cambiar a través de la "renovación del Espíritu Santo" (Tito 3:5). Por lo tanto, la biblia habla de la necesidad de poner la mente "en las cosas de arriba" (Colosenses 3:2) o "en las cosas del Espíritu" (Romanos 8:5). El cambio duradero debe comenzar con la mentalidad que dirige las imágenes o pensamientos que proyecta la mente.

Este no es un paso opcional durante el proceso de cambio; es un paso esencial. La renovación mental es necesaria para progresar en la vida cristiana. Piénsalo así – sin cambio de mente, no hay cambio de vida. Nuestra manera de vivir está directamente relacionada con la vida de nuestra mente. Tu mentalidad particular acerca de Dios, otras personas, tú mismo, situaciones, cosas, el futuro, etc., influye directamente en cómo te sentirás, hablarás y actuarás. Por ejemplo, la razón por la que puedes vivir por dinero o por la aprobación humana es debido a una mentira que crees acerca del dinero, o la admiración de la gente que esto te traerá. La razón por la que puedes vivir desesperado es por una mentira que crees sobre tu pasado, presente o futuro. Por eso, es importante renovar tu mente. Por lo tanto, debemos considerar nuestra mente como una supercomputadora. Debemos prestar atención a las cosas de nuestra rutina o hábitos diarios que contribuyen a la forma en que estamos descargando información en nuestro cerebro. ¡El cómo es tan importante como el por qué!

El cerebro puede obtener y absorber mucha más información de la que imaginamos. Cuando observamos la salud del cerebro, nos damos cuenta de que es un mecanismo vivo que también necesita cuidados. Todo lo que está vivo requiere cuidados. Veamos el software actualizado que necesita tu cerebro. Una de las formas de actualizar tu software es leyendo libros, y por eso estás leyendo este libro. Estás leyendo este libro porque estás actualizando tu software a través de la revelación que el Señor ha traído a través de él. Es importante que actualicemos nuestro sistema no solo a través de libros sino a través de otros medios como podcasts o experiencias de vida. Cuando pasamos por una crisis, puede sacar lo peor o lo mejor de ti. La crisis puede romperte o hacerte. Creo que una crisis tiene el potencial de hacer que manifiestes las mejores ideas creativas y divinas; formar internamente soluciones que cambien el mundo, y darlas a luz en este mundo para que otros se beneficien. Una crisis es una señal de que debes profundizar en ti mismo para encontrar la solución a esa situación. El problema es que las personas no se dan cuenta de que si no eliges con qué alimentar tu cerebro, el cerebro lo elegirá automáticamente. La razón por la que lo hace automáticamente es porque fue creado para ello. La información entra por la puerta de los

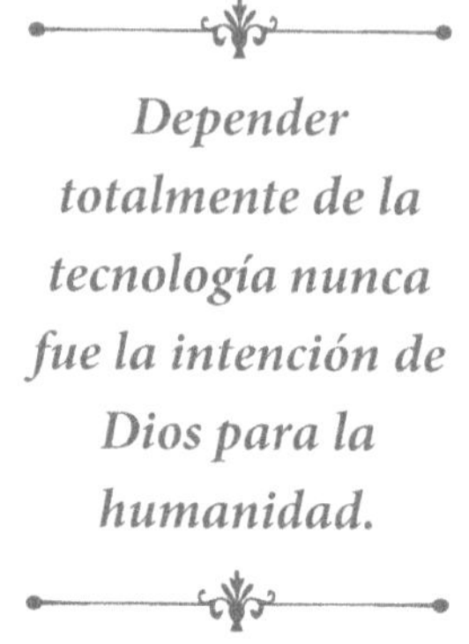

ojos, lo capta todo y luego le da forma. Si ves constantemente una película sobre ira y violencia, el cerebro le dirá al cuerpo que imite lo que ha visto. El cerebro seguirá recordando al cuerpo lo que vio hasta que se manifieste en carne y hueso. Es por eso que muchas personas caen en la depresión o la ansiedad porque siguen permitiendo que el sistema de este mundo los alimente, en lugar de tomar plena autoridad y control sobre aquello con lo que quieren actualizar sus sistemas. Actualizar tu sistema es una rutina diaria necesaria para hacer crecer tu cerebro. Puedes ampliar tu comprensión en cualquier campo que desees dominar alimentando tu cerebro con información sobre esa industria específica.

Depender totalmente de la tecnología nunca fue la intención de Dios para la humanidad. Por desgracia, estamos permitiendo que algunos de estos avances tecnológicos influyan en la mejora de nuestra supercomputadora personal hasta el punto de incapacitarnos. Algunas empresas están trabajando en la creación de robots similares a los humanos para sustituir a los humanos. ¿Por qué? Dios nos ha dotado de una supercomputadora llamada cerebro. Él ha puesto sus características en nosotros y nos ha dado libre albedrío, que el mundo quiere quitarnos. Es por eso que es crucial que actualices tu sistema leyendo la biblia y otros libros educativos que expandirán tu crecimiento para convertirte en un activo para este mundo y no en una carga. La importancia de actualizarte es que te conviertas en una solución para este mundo y no en otro problema. La gente perece por falta de conocimiento. Ahora tenemos libros audibles, que son como escuchar un cuento antes de dormir. Ya no tienes que sostener el libro entre las manos; simplemente te sientas, te relajas, escuchas y meditas. Disponemos de tecnología que podemos utilizar a nuestro favor y no en nuestra contra. Necesitamos acercarnos a la verdad de quiénes somos y quién es Dios. Debemos acercarnos a conocer y comprender los tiempos en que vivimos. El mundo está confundido; está en crisis. Muchas personas han perdido su identidad y el poder de su propósito original.

Recargando tu cerebro

La forma de prepararse estratégicamente para un gran rompimiento consiste en proteger la batería que da energía al cerebro. Debemos dar prioridad a tener tiempo para descansar y reponer fuerzas. Algunos tenemos la mala costumbre de acostarnos tarde y levantarnos temprano, lo que puede producir cansancio o fatiga mental y aletargar nuestro cerebro. ¿Alguna vez has experimentado no estar bien descansado? Un efecto secundario típico es volverse sensible y explosivo ante cualquier cosa. Esto afecta negativamente tu rendimiento.

Otra forma de proteger la batería del cerebro es conectar con la naturaleza. En la Biblia, leemos una historia sobre Adán y Eva y cómo estaban en el jardín y se alimentaban con la comida que les proporcionaba la naturaleza. Vemos que en el jardín había verduras, frutas y alimentos naturales que beneficiaban al cuerpo. En el jardín, Adán tenía dominio sobre todo y podía darle a su cuerpo lo que necesitaba. Hay alimentos naturales que puedes comer para fortalecer las células de tu cerebro.

Un cerebro capaz de encontrar soluciones se considera sano. Si ves películas que tienen moral y actitudes negativas, empezarás a adoptar estrategias poco saludables para afrontar las situaciones que se presenten. Esto podría conducir a un corazón lleno de amargura en lugar de compasión, como es la intención de Dios. Esta perspectiva negativa podría alejar a la gente y obstaculizar tu potencial para convertirte en un líder sabio, poderoso y reflexivo. Hay muchos líderes corruptos en el mundo, y somos testigos de sus acciones y consecuencias todos los días. Proverbios 29:2 (RVA) dice que cuando gobiernan los justos, el pueblo se alegra, pero cuando gobiernan los malvados, el pueblo se lamenta. Es importante que las personas justas estén a cargo. Si eres un líder, es importante dar prioridad a un cerebro sano. Recuerda que necesitas tener la mente de Cristo para hacer el trabajo justo en la tierra.

También puedes fortalecer tu cerebro mediante una desintoxicación tecnológica. Es importante desconectarse de ver las redes sociales, que pueden desviarte de tener un cerebro sano. Al seguir alimentando tu cerebro con el alimento de las redes sociales, empezarás a sentirte agotado y confundido porque empezaste a alejarte de quién eres por algo que no eres. Las mentiras han engañado a numerosas personas y las han colocado en una cueva de oscuridad. Muchas personas han permitido que las redes sociales definan su identidad en lugar de llevarlos al autodescubrimiento. Imagina vivir una vida como un impostor y engañar al mundo al no vivir en la autenticidad de ti mismo. El auténtico tú puede restaurar a los demás. Ellos verán tu sonrisa, y tu sonrisa traerá sanidad a su alma. Oirán tu voz, y el sabio consejo les liberará de las luchas financieras.

Descubrirse a uno mismo es la jornada más hermosa que se puede hacer. En mi viaje de autodescubrimiento aprendí mucho sobre mí misma y exploré mis capacidades y habilidades para resolver problemas. El viaje interior es el mejor lugar para unas vacaciones mentales. Puede compararse con visitar lugares hermosos que son memorables y cambian la vida.

Mientras continúas esta jornada de tu rompimiento, es importante que limpies el disco duro de tu computadora, que son tus recuerdos. La forma de limpiar el disco duro del cerebro es a través de la meditación, la escritura de un diario y la oración. Es importante que dediques tiempo a meditar sobre dónde has estado, dónde estás y hacia dónde te diriges. Este es un momento crucial porque te ayudará a reducir el desorden de tareas a las que te comprometiste erróneamente a lo largo del camino. Así que volver a establecer tu *por qué* es importante para este proceso.

La Necesidad de Autodisciplina

[23] Todo esto lo hago por causa del evangelio, para participar de sus frutos.[24] ¿No saben que en una carrera todos los corredores compiten, pero solo uno obtiene el premio? Corran, pues, de tal modo que lo obtengan. [25] Todos los deportistas se entrenan con mucha disciplina. Ellos lo hacen para obtener un premio que se echa a perder; nosotros, en cambio, por uno que dura para siempre.

1 CORINTIOS 9:23-25 (NVI)

La autodisciplina es la clave para mantener la concentración y seguir en la carrera. El subproducto de una mente sana es la capacidad de vivir prósperamente en todos los ámbitos de la vida. La disciplina es el entrenamiento o desarrollo mediante la instrucción y el ejercicio del fruto del autocontrol. La disciplina *proporciona a las personas los parámetros para vivir sus vidas de manera eficiente y eficaz.* Cuando tienes disciplina en tu vida, puedes hacer pequeños sacrificios en el presente para tener una vida mejor en el futuro. La disciplina crea hábitos, los hábitos crean rutinas y las rutinas se convierten en lo que eres cada día. Por eso la disciplina y la concentración son importantes, sobre todo para la salud de tu cerebro.

Escribir un diario da energía al cerebro. Aporta claridad y deja espacio para la autoevaluación. Es importante que pongas por escrito lo que tienes en la cabeza. Al escribir, empezarás a dejar espacio para información nueva y actualizada. Sé selectivo con la información nueva y actualizada que introduces en tu cerebro. Puedes introducir información actualizada pobre, insana y corrupta o, por el contrario, información edificante, sana y constructiva. Es crucial a la hora de decidir qué información actualizar porque esa información puede producir frutos no deseados. Por eso es muy importante que te hayas sometido al Espíritu Santo y hayas recuperado el control de tus pensamientos. Tus disciplinas diarias determinan hacia donde te diriges.

Mientras llevas tu diario, es importante que leas la Biblia, medites sobre lo que lees y ores al respecto. Cuando leas la biblia, Dios te hablará la verdad y te ayudará con tus responsabilidades diarias. El ayudante, el Espíritu Santo, impartirá la verdad de la vida en tu mente, trayendo salud a tu cuerpo, mente y espíritu. Somos seres espirituales en cuerpos terrenales que necesitan la ayuda de la sabiduría, el conocimiento y la comprensión del Espíritu Santo. Para obtenerla, debemos tener presente el temor al Señor. Temer al Señor significa respeto y reverencia; darle la atención que Él merece.

Nosotros, como seres humanos, podemos ser muy difíciles de tratar. Exigimos tanto a todo el mundo excepto a nosotros mismos. Exigimos a los demás que nos respeten y nos escuchen, pero nos sentimos desafiados cuando nos lo exigen a nosotros. Exigimos recursos, pero no queremos dedicarles el trabajo, el tiempo, la educación, la paciencia, la compasión o la comprensión

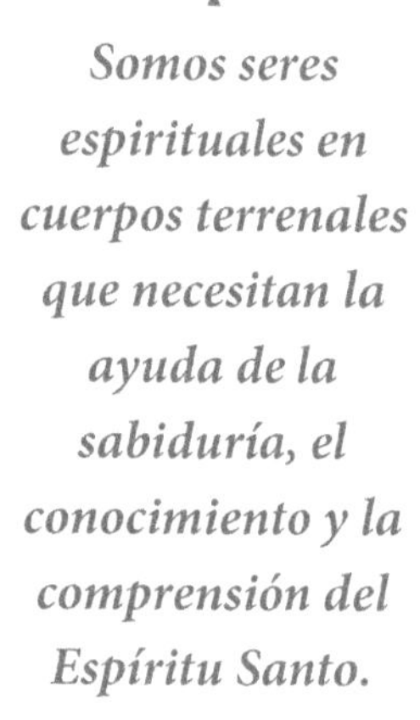

Somos seres espirituales en cuerpos terrenales que necesitan la ayuda de la sabiduría, el conocimiento y la comprensión del Espíritu Santo.

necesarios para conseguirlos. Exigimos a los demás lo que deberíamos exigirnos a nosotros mismos. Hay veces que empezamos a exigirle a Dios que haga algunas cosas por nosotros, cuando él está esperando que nosotros lo hagamos. Algunas personas se molestan con Dios porque no hizo lo que ellos le exigieron que hiciera. Esos individuos intentan desacreditar la existencia de Dios debido a su fracaso personal. Cuando escuchas a la gente desacreditar a Dios, es simplemente porque pusieron una demanda en Dios sin darse cuenta de que Dios estaba esperando en ellos todo el tiempo, y todavía lo está. Es triste escuchar a la gente hablar de Dios con tanta ignorancia porque nunca se tomaron el tiempo para conocer su corazón a través de meditar en su palabra, escribir en su diario y orar. Para escuchar a Dios, debes quererlo, escucharlo y buscarlo. Según 1 Crónicas 28:9 y 2 Crónicas 15:2, *si le buscas, Él será hallado por ti.*

El lugar más fácil para encontrarlo es la Biblia. Lee la Biblia por diversión, creyendo que realmente sucedió. Pregúntale a Dios qué está tratando de decirte cuando lees. Pregúntale qué quiere mostrarte, luego deja de hablar y escucha. Estate atento y escucha hasta que le oigas. Además de la Biblia, Dios puede hablarte de cualquier manera que Él quiera. Eso no significa que sea fácil escucharle siempre. Muchas cosas pueden bloquear tu capacidad de escuchar a Dios: distracciones, limitaciones de tiempo, tradiciones y doctrinas erróneas. El enemigo tratará de encontrar maneras de luchar contra ti, pero si buscas a Dios, Él será encontrado por ti. Los métodos de Dios triunfan fácilmente sobre cualquier carta que tenga el enemigo. Dios no se te impone a la fuerza, tenlo en cuenta. Por lo tanto, sólo continúa buscándolo, escúchalo, y luego actúa de acuerdo a lo que Él ha dicho. Cuando le obedeces, te ayuda a entender Sus caminos, y te ayuda a oírle mejor la próxima vez que escuches una palabra de Él.

Mientras te preparas para tu rompimiento, es importante que te sientes y medites sobre todo lo que acabas de leer. Empieza a buscar libros para actualizar tu software (forma de pensar) con respecto a la verdad de quién eres. Debes programar "momentos para ti", donde dejas todo a un lado y te enfocas solo en Dios. Este es un tiempo en el que te separas del mundo entero, y permaneces en la presencia de Dios Todopoderoso, conociendo Su verdad para tu vida. Él está listo y dispuesto a compartir contigo revelaciones que cambiarán tu vida. ¡Haz la conexión con la ayuda del Espíritu Santo!

CAPÍTULO 4

DESINTOXICACIÓN

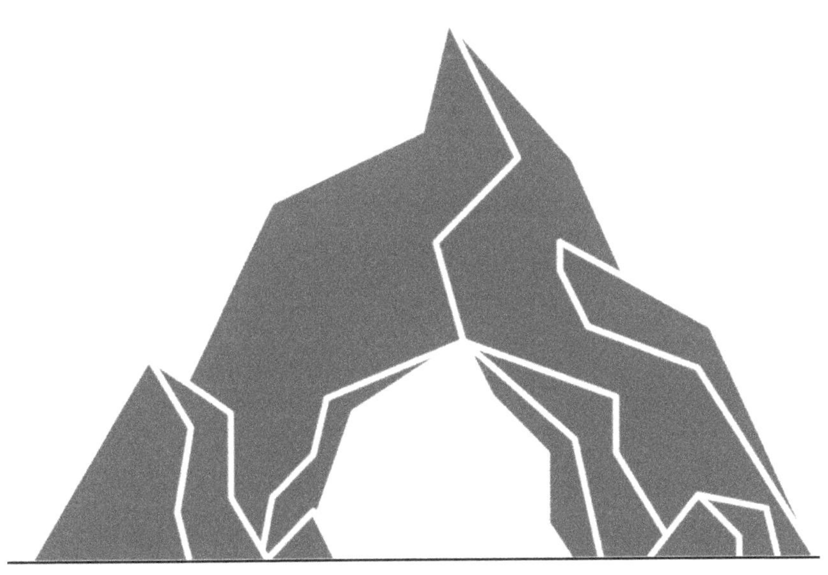

A medida que pasa la vida, es posible que no te des cuenta de cuánto se ha contaminado tu alma por las circunstancias de la vida. Es una locura ver cuánto tiempo y energía utilizamos para sobrevivir. Muchas veces ignoramos la necesidad de desintoxicar las mentiras que han sido plantadas en nosotros. Necesitamos cambiarlas por la verdad. Muchos de ustedes han estado viviendo vidas contaminadas debido al sistema corrupto de este mundo. El sistema de este mundo utiliza diferentes normas institucionales para contaminarte. Estas cosas han distorsionado la claridad de lo que realmente deberías estar haciendo. Esta contaminación puede nublar tu visión, forzándote a caminar en la mediocridad. ¡Necesitas desintoxicarte!

21 Si alguien se mantiene limpio, llegará a ser un vaso noble, santificado, útil para el Señor y preparado para toda obra buena.

2 TIMOTEO 2:21 (NVI)

Es sumamente importante que comprendamos que nuestra alma es la fuente de lo que nos hace estar vivos.

23Por sobre todas las cosas cuida tu corazón, porque de él mana la vida.

PROVERBIOS 4:23 (RVR95)

Los seres humanos no son sólo cuerpos, sino almas en cuerpos. Para ser más exactos, somos almas que interactuamos con el mundo físico a través de nuestros cuerpos físicos. También somos almas que interactúan con el mundo espiritual. Aunque la ciencia aún no ha descubierto la forma de determinar dónde termina nuestro cuerpo físico y dónde comienza nuestra alma, seguimos siendo más alma que cuerpo.

Un día nuestros cuerpos pasarán y volverán al polvo, pero nuestras almas seguirán en la eternidad. Tu alma es la fuente de tu curación, propósito y éxito personal. Cuando ha sido sembrada por el Espíritu de Cristo y regada por la palabra de Dios, floreces.

¿Cómo llegaste a donde estás hoy?

Donde estás hoy se basa en las decisiones que tomaste ayer. Oí a alguien describirlo así: el día que naciste, te dieron dos sobres proverbiales. En el frente de uno estaba escrito "placer, fe y prosperidad", en el otro sobre estaba escrito "dolor, miedo y enfermedad". Al abrir cada sobre, contenían las mismas páginas etiquetadas como "destino". Tú eliges tu destino.

Dios te ha dado el poder de tomar decisiones para cambiar las circunstancias y revertir las condiciones humanas negativas. Como individuo, debes ser intencional sobre el tipo de cambios que quieres hacer en tu vida, tu hogar, tu comunidad, tu ministerio, tu negocio, tu gobierno, tu escuela, tu sistema de salud y tu nación.

Cuando tu alma prospera, tú prosperas.

Al entrar en este viaje de desintoxicación del alma, debemos entender que necesitamos la ayuda de nuestro Señor Jesucristo. Debemos dejar que Jesús se siente en el trono de nuestros corazones y someter nuestra voluntad, emociones y todo a Él. Al iniciar este procedimiento, es importante saber lo siguiente:

Amado, pido que todo te vaya bien y que tengas buena salud, al mismo tiempo que le va bien a tu alma.

3 Juan 1:2 (ESV)

Una de las cosas que nos dice este pasaje es que a medida que tu alma prospere, todo lo demás prosperará. Esto refuerza la importancia de tomar tiempo para examinar lo que hay en el alma. Algunos de nosotros queremos ser prósperos, pero ignoramos el alma, cuando el alma es el lugar principal donde debes buscar prosperar. Prosperidad es avanzar, conseguir logros, éxito, avanzar y florecer. También es cuando experimentas la plenitud de la bendición de Dios. Ahora, para llegar a ese reino de prosperidad, debes pedirle al Espíritu Santo Su ayuda.

La clave para vivir una vida bendecida es limpiar el alma. Muchas personas han vivido con tal remordimiento, odio, ira y falta de perdón en sus almas que debilita su salud, riqueza y poder. Van por la vida experimentando enfermedades y teniendo múltiples problemas de salud. Los médicos parecen no tener explicación para los síntomas. Existe la posibilidad de que algunos de sus problemas de salud estén asociados con problemas del alma. En la biblia, había un hombre llamado Saúl, a quien Dios escogió para ser el Rey de Israel. Con el paso del tiempo, Dios le dijo al profeta Samuel que le diera instrucciones a Saúl sobre qué hacer con la tierra y el pueblo de Amalec. Le dijo de cómo Amalec buscaba destruir a Israel. Le dio instrucciones de matar a todos y no dejar a nadie vivo. Una vez que Saúl y su ejército fueron a atacar a los amalecitas, se dio cuenta de que tenían grandes riquezas. Así que conservó la riqueza y al rey de esa región con vida. El profeta Samuel estaba molesto con Saúl por ser desobediente. Debido a su desobediencia y a su corazón sin arrepentimiento, la biblia dice que espíritus malignos comenzaron a atormentarlo. Imagina que Dios te da instrucciones, y tú eres solo parcialmente obediente, lo que significa que fuiste desobediente. Una vez que Saúl estaba siendo atormentado, no podía dormir; tenía insomnio. La única manera en que podía descansar era cuando la adoración de David al Señor calmaba su alma. Saúl llamaba a David para que tocara el arpa y así poder descansar y dormir en paz. Muchos sufren actualmente de falta de sueño debido a sus continuos pensamientos de ansiedad, preocupaciones, inseguridades u otras cosas que les han robado la paz. En su alma, puede haber una falta de perdón, ira, resentimiento, amargura, y otras cosas que no les permiten vivir una vida abundante en Jesucristo.

En este mundo, nuestra alma, que es nuestra voluntad, mente y emociones, se ha contaminado con los medios digitales, las experiencias de vida y las circunstancias impredecibles. Es hora de desintoxicar el alma. Es importante tener siempre en marcha un sistema para una mentalidad sana. ¿Por qué? Porque debemos examinar nuestra alma en busca de cualquier contaminación que pueda haber recogido. Si no tenemos un sistema para la limpieza, nuestra perspectiva de la vida empieza a cambiar hacia un pensamiento destructivo.

Según la National Science Foundation, el 80% de los pensamientos que tenemos son negativos y el 95% de nuestros pensamientos son repetitivos. Algunas personas se creen expertas en ocultar lo que hay en su alma, sin saber que todo tiene un lenguaje. Por ejemplo, el lenguaje del dolor emocional puede expresarse cuando un individuo busca continuamente aislarse o separarse de las personas que quiere. También puede expresarse a través de palabras de culpa, impotencia o desesperanza. ¿Has oído alguna vez a alguien hablar de la vida como si todo y todos estuvieran en su contra? Creen que no merecen que les suceda nada bueno. Lo difícil de esta situación es que el individuo no puede detectar el dolor de su alma porque está acostumbrado al lenguaje relacionado con el dolor emocional. Otro signo que revela el sufrimiento emocional es el escaso cuidado de uno mismo, la ira agitada o el mal humor. Las personas que sufren hacen daño a otras personas. Vivimos en un mundo roto, y sólo a través del Espíritu Santo podemos vivir una vida sin rupturas, con alegría, paz y abundancia. Saber que puedes vivir una vida más grande y auténtica llena de autoridad y dominio es poderoso.

¡Ahora volvamos a desintoxicar tu alma!

Para proceder a la limpieza del alma, es importante que des el primer paso reconociendo lo que hay en el alma que necesita ser tratado. Reconocer significa aceptar, identificar, confirmar o admitir la existencia o la verdad de algo. Debes pedirle al Espíritu Santo que navegue en tu alma y te ilumine sobre lo que hay ahí que necesita ser sanado y aceptar que está ahí. Tu no comerías o beberías intencionalmente un veneno que pudiera dañar o destruir tu cuerpo. Sin embargo, puedes estar consumiendo veneno que es peligroso para tu alma sin siquiera darte cuenta. Las actitudes tóxicas, los comportamientos y las influencias culturales que permites en tu vida pueden poner tu alma en peligro. No puedes evitar el contacto con tales toxinas en este mundo caído, pero no tienes que permanecer contaminado por ellas. Puedes desintoxicar tu alma y comenzar a experimentar la vida pura que Dios quiere que disfrutes. Es importante percatarse de que todo cuenta. Absolutamente todo lo que permites en tu mente y en tu vida tiene un impacto en como creces o no creces espiritualmente.

> *Las actitudes tóxicas, los comportamientos y las influencias culturales que permites en tu vida pueden poner tu alma en peligro.*

Las pequeñas decisiones que tomas cada día tienen un efecto significativo en tu alma. Por lo tanto, toma en serio tus decisiones cotidianas. Examina tu vida en busca de: comportamientos tóxicos (lo que haces que daña tu eficacia espiritual o te distrae de los propósitos de Dios para tu vida), emociones (sentimientos que te alejan de la verdad de Dios) y consumos (medios de comunicación que consumes y personas con las que pasas tiempo). Pídele a Dios que te dé la sabiduría que necesitas para discernir cuáles de todas estas cosas son tóxicas para ti. Limpia tus pensamientos. Dado que las batallas espirituales se ganan o se pierden en la mente, es crucial que prestes atención a los pensamientos en los que te concentras. Tus pensamientos dan forma al tipo de persona en que te conviertes. Si tienes pensamientos poco saludables, te convertirás en una persona poco saludable. Pero si tienes pensamientos sanos que reflejan la verdad de Dios, te parecerás más a Jesús, como Dios quiere que seas. Ora regularmente por la habilidad de ver las situaciones que encuentres como Dios las ve, para que puedas tener la perspectiva correcta. Cada día, pídele a Dios que te muestre qué pensamientos que entran en tu mente son impíos y desagradables a Él. Siempre que identifiques pensamientos erróneos, toma medidas para sustituirlos por los correctos. Elige concentrarte sólo en pensamientos sobre lo que es verdadero, noble, correcto, puro, agradable, admirable, excelente o digno de alabanza. Dedica tiempo a meditar en las maravillosas cualidades de Dios;

cuanto más pienses en Dios, más paz entrará en tu mente. El otro aspecto que debes tener en cuenta es liberarte del temor. Siempre que sientas temor, recuérdate a ti mismo que el temor nunca viene de Dios; viene del maligno. Dios te da un espíritu de poder, amor y paz, no de temor. En lugar de poner tu fe en todos los "y si..." de la vida y sentir temor de lo que pueda o no suceder, pon tu fe en Dios, que está a cargo de tu futuro y quiere lo mejor para ti. Presta atención a los temores específicos y persistentes en tu vida porque revelan las áreas en las que menos confías en Dios. Ora sobre cada área que identifiques como un problema, rindiéndosela específicamente a Dios y pidiéndole que te ayude a confiar más en Él. Luego sé diligente en buscar a Dios para que puedas crecer consistentemente más cerca de Él. Mientras más cerca estés de Dios, menos lucharás contra el temor.

Una vez superado el temor, ya puedes desenterrar las raíces amargas de tu alma. Cuando permites que la amargura eche raíces en tu alma, te envenena y te impide experimentar la gracia que Dios quiere darte. Así que, vamos a deshacernos de la amargura siguiendo el mandato de Dios de perdonar a las personas que te han herido. La amargura generalmente se asocia con estar enojado y guardar rencor. Es una emoción negativa o una actitud afectada negativamente por una mala experiencia. Es sentir enojo y decepción por haber sido tratado injustamente y guardar resentimiento. El dolor conduce a la amargura.

Una de las formas de erradicar la amargura es mediante el perdón. El perdón es un don que Dios nos ha concedido para aquellos que nos han ofendido o dañado. Para la mayoría de nosotros, es más fácil decirlo que hacerlo. Sólo por la gracia de Dios puedes perdonar de verdad a los demás y a ti mismo. Fue por la gracia de Dios que todos tus pecados son perdonados. Fue su gracia la que trajo restauración a tu alma. Puedes perdonar a los demás por el daño que te han causado porque la gracia de Dios fluye a través de ti. A veces, la persona más difícil de perdonar eres tú mismo. Para perdonarte de verdad, necesitas la gracia de Dios. Sólo Su gracia puede darte el poder de perdonar tus errores y pecados pasados. ¿Cómo puedes no perdonarte a ti mismo cuando Dios ya te ha perdonado? A medida que muestres a los demás la misma gracia y perdón que Cristo te da, las raíces de amargura dentro de ti se marchitarán y morirán. Lleva tiempo, pero a medida que liberas el perdón a través de la gracia de Dios, encontrarás nueva libertad, alegría y felicidad.

Asegúrense de que nadie deje de alcanzar la gracia de Dios; de que ninguna raíz amarga brote y cause dificultades y corrompa a muchos.

HEBREOS 12:15 (NVI)

Haz estas confesiones.

> ➤ Con la gracia de Dios - No permitiré que la amargura se apodere de mí.

> ➤ Con la gracia de Dios, perdono a los demás como Cristo me perdona a mí.

> ➤ Con la gracia de Dios - me perdono mis pecados y errores del pasado.

> ➤ Con la gracia de Dios - arranco toda raíz de amargura que crece en mi corazón.

En el Nombre de Jesús, Amén.

Debes prestar mucha atención a lo que ocurre en tu vida para librarte de las influencias tóxicas. Libérate del materialismo y mira a Dios (en lugar del dinero y las posesiones) para satisfacer tus necesidades de felicidad, significado y seguridad. Cada vez que consumas medios de comunicación de cualquier tipo (desde programas de televisión, canciones, artículos de Internet y libros), pregúntate honestamente: "¿Estoy siendo entretenido por el pecado?" "¿Es esto agradable a Dios?" "¿Me aleja esto de Jesús?". Si la respuesta es afirmativa, deja de consumir los medios que reconoces que son tóxicos. Dado que las malas compañías corrompen el buen carácter, establece límites para protegerte de la influencia de personas poco saludables, y corta las relaciones perjudiciales con personas que son peligrosas para tu crecimiento espiritual. Es importante que reconozcas quiénes son estas personas porque si no lo haces, te sentirás débil y entonces te preguntarás de dónde viene la atracción negativa. A veces es incómodo dejar ir a personas con las que has estado durante mucho tiempo, pero es necesario. Una vez que te deshaces de esas personas, estás listo para los nuevos influenciadores que te empujarán al siguiente nivel. Algunas personas te han influenciado sin que te dieras cuenta; eso es lo que yo llamo los influenciadores invisibles. Los influenciadores invisibles son aquellas cosas que haces sin darte cuenta de que las estás haciendo. Por eso debes pedirle a Dios que te muestre cuándo el espíritu de religión está corrompiendo la pureza del Evangelio en tu vida, y que te ayude a centrarte no en utilizar tu comportamiento externo para ganarte el amor de Dios, sino en responder al amor que Dios ya te ha dado confiando en Él en todos los sentidos.

"No dejes que nadie alquile un espacio en tu cabeza a menos que sea un buen inquilino"

- GEORGE COUROS

Afirmaciones que te ayudarán a ignorar a las personas tóxicas:

1. Cuando escuche algo negativo, lo sustituiré por algo positivo.

2. Tengo el control de mis emociones.

3. Mi éxito depende de mantenerme centrado.

4. Acepto el hecho de que no puedo cambiar a la gente, pero puedo cambiarme a mí mismo.

5. Soy poderoso y nadie puede quitármelo.

6. No cederé ante la negatividad de las personas tóxicas.

7. Soy feliz y positivo independientemente de quién esté a mi alrededor.

8. Aprovecho la situación como una oportunidad de aprendizaje de lo que no quiero ser.

9. No estoy dejando que las personas tóxicas me desanimen.

10. Voy a dejar ir a las personas que no me apoyan y no se preocupan por mí.

11. Sé lo que valgo y reconozco mi valor.

12. Puedo elegir a las personas que quiero en mi vida.

13. Cuanto menos respondo a las personas negativas, más tranquila es mi vida.

14. Este día me pertenece.

15. Edito voluntariamente mi vida y su contenido.

16. Asumo la responsabilidad de una vida alegre y pacífica.

Estas afirmaciones te ayudarán a ver que tienes el control y a optimizar tu capacidad de vivir una vida consagrada, dedicada a Cristo. Repítelas a diario con el entendimiento de que Dios te ha liberado, y a través de él, eres un vencedor en todas y cada una de las áreas de tu vida. Todo lo puedes en Cristo que te fortalece.

Quiero animarte a seguir intentándolo aunque no lo consigas, a sacudirte el polvo e intentarlo de nuevo. La victoria de Jesús sobre las tinieblas te ha dado las llaves para vivir una vida mejor y más grande.

¡Ahora veamos tu espíritu!

Un espíritu fuerte es una clave importante para una vida productiva en el Reino de Dios. Como cristiano, tu condición espiritual determinará la calidad de tu vida. Si una persona nace de nuevo y hace de Jesús el Señor de su vida, pero no logra desarrollar y mantener su crecimiento espiritual continuamente, se quedará corta en todo lo que Dios la ha llamado a hacer. Por lo tanto, como creyentes, es imperativo que hagamos todo lo necesario para asegurarnos de que somos fuertes.

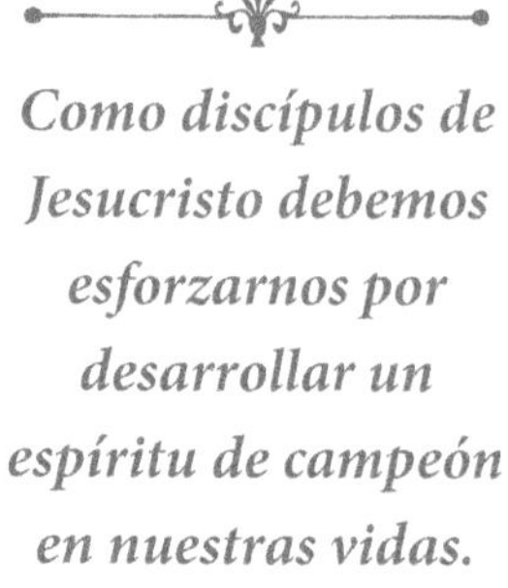
Como discípulos de Jesucristo debemos esforzarnos por desarrollar un espíritu de campeón en nuestras vidas.

Como discípulos de Jesucristo debemos esforzarnos por desarrollar un *espíritu de campeón* en nuestras vidas. Un campeón es uno que gana, uno que lucha, uno que ha derrotado y superado a todos los rivales, uno que es superior y tiene todos los atributos de un ganador. Tú deberías estar peleando la buena batalla de la fe y experimentando la victoria sobre el adversario ejercitando tus músculos espirituales. Nuestros espíritus deberían ser superiores a nuestras mentes y cuerpos en lugar de ser controlados por ellos. Deben poseer todos los atributos de un ganador. Nuestros espíritus deben encarnar perfectamente todo lo que Jesús fue cuando caminó sobre la Tierra y todo lo que Él sigue siendo hoy. Este es un espíritu de campeón, y el primer paso para convertirse en un campeón es desintoxicar tu alma.

A medida que experimentes estos cambios y veas el resultado, te darás cuenta de que todo vale la pena. El Salmo 51:1-2 (NVI) dice:

Ten compasión de mí, oh Dios, conforme a tu gran amor; conforme a tu inmensa bondad, borra mis transgresiones. Lávame de toda mi maldad

No hay nada mejor que hacer lo posible y que el Espíritu Santo haga lo imposible. No puedes esperar que Dios trabaje en tu comprensión del reino de las posibilidades; él trabaja en una capacidad ilimitada. Cuando Dios te limpie, verás los frutos del espíritu que operarán en tu vida de tal manera que la gente querrá el fruto que llevas. Los frutos son una representación de los resultados que has cultivado con la ayuda del Espíritu Santo. Sigue trabajando con la ayuda del Espíritu Santo para obtener resultados divinos que traerán cambios a un mundo confundido. Es imperativo que examines continuamente tus frutos porque la calidad de tu cosecha depende de la semilla sembrada, la tierra en la que se siembra y la era en la que se cosecha.

CAPÍTULO 5

APLICACIÓN

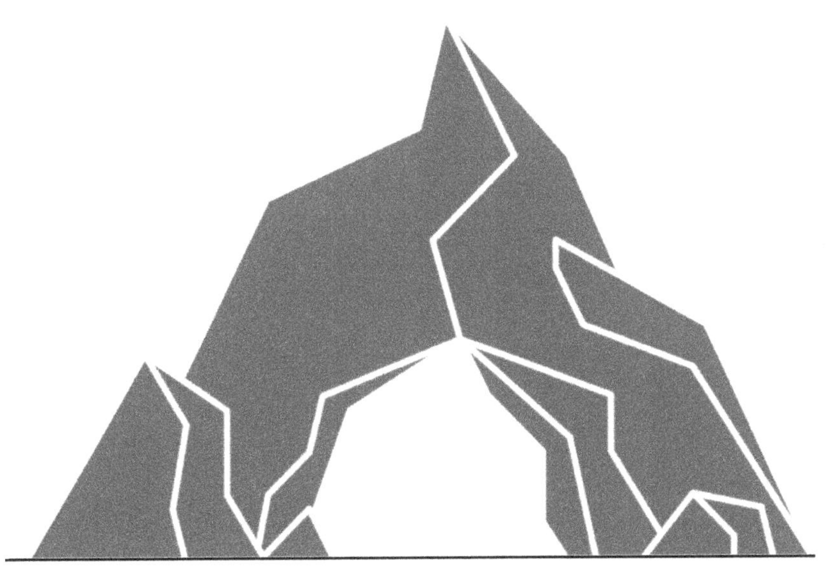

²² No se contenten solo con escuchar la palabra, pues así se engañan ustedes mismos. Llévenla a la práctica.

SANTIAGO 1:22 (NVI)

El título exige acción. El versículo anterior te da instrucciones que te llevarán a vivir una vida con propósito. Muchos de nosotros sabemos que no basta con tener el conocimiento de algo, porque el conocimiento sin aplicación es un desperdicio de información. La información tiene una asignatura: arrojar luz sobre el conocimiento que te llevará al siguiente nivel. La información no debe tomarse a la ligera, sobre todo si te ayudará a crecer. El siguiente paso para continuar la jornada de crecer en tu propósito es entender el poder que existe detrás de hacer algo. La Biblia dice que la fe sin obras no es fe. La fe es la capacidad de moverse con convicción hacia algo que aún no se ha manifestado en la vida de un individuo. Por ejemplo, cuando Dios está trabajando contigo, él te enseña a través de su palabra que el padre de la mentira es Satanás y que hay consecuencias si le sigues la corriente. Una vez que recibes esa información a través de las escrituras, meditas en ella y se convierte en conocimiento, listo para ser aplicado. Una vez que la palabra esta lista para ser aplicada, la sabiduría viene en su lugar para aplicar la palabra, y a través de la aplicación, tú muestras la gloria de Dios.

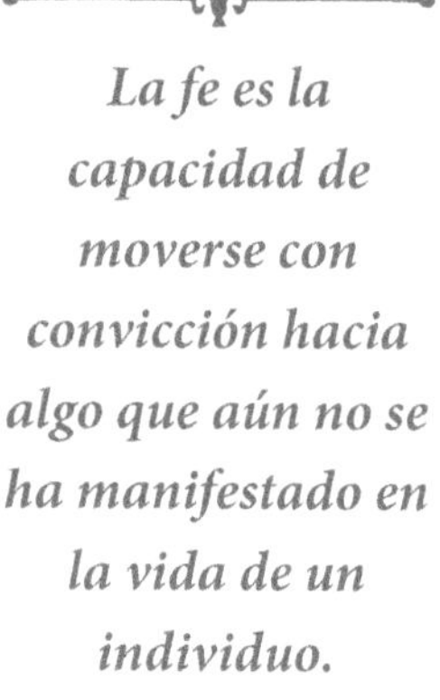

Otro ejemplo es cuando Dios te está enseñando a perdonar a los demás de la misma manera que te ha perdonado a ti. Cuando recibes la información y meditas en ella, entonces se convierte en conocimiento y está lista para la acción. Cuando lees la palabra de Dios y renueva tu mente, el conocimiento de lo que has recibido puede liberarte para lograr lo que se necesita. En este caso es ser capaz de perdonar a alguien. Entonces, ahora has recibido el regalo de perdonar a aquellos que te han lastimado. El perdón es un don que se recibe a través de una relación establecida con el Espíritu Santo a través de la oración.

Cuando buscamos descubrir nuestro propósito en un mundo lleno de confusión, el Espíritu Santo desempeña un papel crucial. Aunque muchos de nosotros podemos recurrir a libros de autoayuda y a otros recursos en busca de orientación, la Biblia encierra un poder único. A través de la ayuda del Espíritu Santo, la palabra de Dios puede transformar a las personas y prepararlas para dar frutos que las beneficien a ellas mismas y a quienes las rodean. Sin embargo, el proceso de aplicar este conocimiento puede ser desafiante, especialmente cuando se enfrentan hábitos personales, orgullo, rechazo y mecanismos de defensa acumulados a lo largo del tiempo. A pesar de estos obstáculos, leer Efesios 1:7 y darse cuenta del amor, la redención y el valor que tenemos en Dios puede ser una poderosa herramienta de transformación.

A menudo me preguntaba por qué Dios elegiría a alguien como yo, con dificultades de aprendizaje y retención, procedente de una familia disfuncional y repudiada por su padre por ser niña. Me preguntaba qué veía Dios en mí que mereciera su atención. Sin embargo, encontré consuelo en una historia de la Biblia sobre David, que fue rechazado por su padre y sus hermanos, pero fue ungido por Dios para ser el Rey de Israel. Esta historia resonó en mí, ya que a menudo me sentía cargada con más responsabilidades que mis hermanos por ser la única niña de la familia. Aunque entonces no lo entendía, ahora me doy cuenta de que esos retos eran necesarios para mi crecimiento y desarrollo. En la vida, Dios utiliza las situaciones difíciles para formarnos y prepararnos para lo que está por venir.

Durante mi jornada de autodescubrimiento, adquirí una mejor comprensión de mí misma en relación con Dios y de quién es Él. A través de la historia de David, aprendí que aunque uno se enfrente al rechazo y a una formación difícil, es importante perseverar, ya que estas experiencias construyen las habilidades necesarias para el futuro. El Espíritu Santo desea que practiquemos y vivamos las enseñanzas de Dios. Al hacerlo, nos convertimos en testamento de Su gloria. Por lo tanto, es crucial leer y comprender la palabra de Dios, permitiendo que impregne todo nuestro ser y le permita obrar en nuestras vidas. Al escuchar Su guía, podemos descubrir nuestro propósito y destino. Dedicar tiempo cada día a practicar y aplicar las enseñanzas de Dios puede conducirnos al crecimiento y la transformación personales.

Aquí hay algunas barreras potenciales para lograr tu propósito.

Al leer la palabra de Dios, verás algunas de las áreas en tu vida que necesitan un cambio. Necesitaras pedirle al Espíritu Santo que examine tu alma, e identifique las siguientes cosas a las que te has aferrado por mucho tiempo:

- Falta de perdón
- Rechazos
- Robo de identidad
- Abandonos
- Decepciones
- Ira/Mal Genio
- Soledad
- Engaños

- Autocondena
- Culpabilidad
- Auto-resentimiento
- Miedo al fracaso
- Suicidio
- Autocompasión
- y muchos más...

Una vez que hayas identificado aquello a lo que necesitas renunciar, es importante que trates individualmente cada asunto que el Espíritu Santo traiga a tu atención. Esto requiere un enfoque atento y el uso de la luz interior para comenzar el proceso de aplicación. El primer paso es reconocer el problema y luego proceder a renunciar a él. Este proceso puede evocar emociones fuertes como llorar o gritar, pero es una parte necesaria de la jornada. El Consolador está ahí para proporcionar apoyo y guiarte a través de la transformación. Cualquier dolor experimentado durante este proceso es un signo de debilidad que abandona tu alma. Confía en Dios para guiar la transformación de la manera que sea mejor para ti. Es importante no permitir que nada ni nadie interfiera en el proceso. Este proceso es similar a la creación del cielo y la tierra en el Libro del Génesis 1, y puede revelar cosas sobre ti mismo que nunca supiste que existían. Cuando alguien pasa por un proceso de transformación y descubre su propósito, es crucial combinar la oración y el ayuno con la palabra de Dios.

Abajo hay algunos versos que puedes declarar y aplicar a tu vida para empezar a ver la transformación. Solo recuerda ser paciente contigo mismo mientras te transformas en tu nuevo yo.

Perdonar a los demás

Cuando perdonamos a los demás, burlamos a Satanás.

> *[10] Si ustedes perdonan a alguien, yo también lo perdono. Y lo que he perdonado -si tenía algo que perdonar- lo perdoné por ustedes, y Cristo estaba conmigo. [11] Hice esto para que Satanás no nos ganara nada. Sabemos muy bien cuáles son sus planes.*

2 CORINTIOS 2:10-11 (ERV)

Perdonar a los demás no es una opción: es un mandamiento de la Escritura.

¹² Dios los ha elegido y los ha hecho su pueblo santo. Él los ama. Por eso su nueva vida debe ser así: Muestren misericordia a los demás. Sean amables, humildes, gentiles y pacientes. ¹³ No se enojen unos con otros, sino perdónense mutuamente. Si sienten que alguien les ha hecho daño, perdónenlo. Perdonen a los demás porque el Señor los perdonó a ustedes.

COLOSENSES 3:12-13 (ERV)

Pasos Prácticos:

- ➢ Busca la guía de Dios para identificar a las personas de tu vida que necesitan tu perdón. Haz un registro con sus nombres y las razones de tu resentimiento hacia ellos, y mételo dentro de un globo. Soltar el globo significa dejar ir cualquier rencor que guardes. Al soltar el globo, repite la frase "Les perdono" y continúa afirmando tu perdón hacia ellos y sus acciones.

- ➢ Lee Génesis 50:19-21. ¿Cómo perdonó José?

Rechazo

Se realizó el gran intercambio; Él fue rechazado para que nosotros seamos aceptados.

Para alabanza de la gloria de su gracia, con la cual nos hizo aceptos en el Amado.

EFESIOS 1:6 (RVR95)

No hay Descanso en el rechazo. El rechazo atormenta.

13 Tú formaste mis entrañas; me hiciste en el vientre de mi madre.

SALMOS 139:13 (NVI)

Pasos Prácticos:

> ➢ Declara lo siguiente: "Soy quien Jesús quiere que sea, y estoy aquí porque Él quiere que esté aquí. No soy una EQUIVOCACIÓN. Jesús no comete errores, y yo elegiré lo que Jesús quiere para mí, aunque vaya en contra de mis propios sentimientos o emociones."

> ➢ Declara Jeremías 1:5, *Tú me elegiste antes de darme la vida. Antes de nacer, me elegiste para ser una voz para el pueblo y las naciones.*

Ira/Mal Genio

Contrólate a ti mismo.

28 Como ciudad sin defensa y sin murallas es quien no sabe dominarse.

PROVERBIOS 25:28 (NVI)

Evitar la ira requiere escuchar, hablar menos, proceder despacio y no reaccionar de forma exagerada.

⁹No te dejes llevar por el enojo que solo abriga el corazón del necio.

ECLESIASTÉS 7:9 (NVI)

Pasos Prácticos:

➢ Recuerda las cosas que te hacen enojar. ¿Qué lo provocó? ¿Cuáles eran tus sentimientos y pensamientos? Utilízalo para identificar y evitar tus detonantes.

➢ Memoriza Eclesiastés 7:9. Cuando sientas que se acerca la ira, pregúntate si estás siendo un necio.

Decepciones

Dios conoce y le importan nuestros corazones rotos.

Porque lo dice el excelso y sublime, el que vive para siempre, cuyo nombre es santo: «Yo habito en un lugar santo y sublime, pero también con el contrito y humilde de espíritu, para reanimar el espíritu de los humildes y alentar el corazón de los quebrantados.

ISAÍAS 57:15 (NVI)

Dios responderá a nuestras necesidades. Se acerca el alivio.

¹⁸El Señor está cerca de los quebrantados de corazón, y salva a los de espíritu abatido.

SALMOS 34:18 (NVI)

Pasos Prácticos:

➤ Escribe y compara tus respuestas negativas a la decepción. Haz una lista de respuestas positivas que contrarresten tus respuestas negativas. ¿Cuáles elegirás?

➤ Memoriza el Salmo 34:18. Medita en el hecho de que Dios nunca te decepcionará. ¡Reconoce que tu Creador es absolutamente fiel!

Soledad

La solución de Pablo para la soledad.

" 16 En mi primera defensa, nadie me respaldó, sino que todos me abandonaron. Que no les sea tomado en cuenta. 17 Pero el Señor estuvo a mi lado y me dio fuerzas para que por medio de mí se llevara a cabo la predicación del mensaje y lo oyeran todos los paganos. Y fui librado de la boca del león. 18 El Señor me librará de todo mal y me preservará para su reino celestial. A él sea la gloria por los siglos de los siglos. Amén."

2 Timoteo 4:16-18 (NVI)

➤ Dios proveyó para las necesidades de Elías cuando éste se sentía solo.

➤ Nunca estamos solos, gracias a la disponibilidad del Espíritu Santo.

⁵ Padre de los huérfanos y defensor de las viudas es Dios en su morada santa. ⁶ Dios da un hogar a los desamparados y libertad a los cautivos; los rebeldes habitarán en el desierto.

SALMOS 68:5-6 (NVI)

Pasos Prácticos:

➢ Encuentra oportunidades de voluntariado en tu iglesia o comunidad. ¡Sal y ayuda a los demás!

➢ Utiliza un diario para escribirte notas alentadoras. Lee los Salmos y escribe los versículos que te reconfortan cuando alguien se siente solo.

Suicidio

No hay problema demasiado difícil para Dios.

¹⁷ "¡Ah, Señor mi Dios! Tú, con tu gran fuerza y tu brazo poderoso, has hecho los cielos y la tierra. Para ti no hay nada imposible."

JEREMÍAS 32:17 (NVI)

Dios nunca nos abandona.

⁸ El Señor mismo marchará al frente de ti y estará contigo; nunca te dejará ni te abandonará. No temas ni te desanimes».

DEUTERONOMIO 31:8 (NVI)

Pasos Prácticos:

➢ Escribe Juan 10:10 en tu diario. Medítalo recordando que Jesús es la fuente de toda abundancia y verdad.

➢ Ora el Salmo 139:23-24 cada vez que te sientas desamparado.

Amar a Dios

Salomón nos dice que respondamos al favor de Dios sirviéndole de corazón.

[61] Y ahora, dedíquense por completo al Señor[a] nuestro Dios; vivan según sus decretos y cumplan sus mandamientos, como ya lo hacen».

1 REYES 8:61 (NVI)

El amor de Dios por nosotros debería movernos a luchar por la pureza.

[7] Como tenemos estas promesas, queridos hermanos, purifiquémonos de todo lo que contamina el cuerpo y el espíritu, para completar en el temor de Dios la obra de nuestra santificación.

2 CORINTIOS 7:1 (NVI)

Pasos Prácticos:

➢ Procura ayudar a los demás como signo de gratitud por el amor de Dios.

> ➤ Haz una lista de los Diez Mandamientos e identifica en cuál necesitas trabajar como muestra de amor y respeto hacia Dios.

Confianza/Fe

Confiar en Dios muestra confianza en que su tiempo es perfecto.

> *3 Pues la visión se realizará en el tiempo señalado; marcha hacia su cumplimiento, y no dejará de cumplirse. Aunque parezca tardar, espérala; porque sin falta vendrá. 4 "El insolente no tiene el alma recta, pero el justo vivirá por su fe."*
>
> **HABACUC 2:3-4 (NVI)**

Los resultados de confiar en Dios:

> ➤ Protección - Salmos 5:11
>
> ➤ Regocijo - Salmos 64:10
>
> ➤ Paz - Isaías 26:3-4
>
> ➤ Bendición - Salmos 84:12
>
> ➤ Confianza - Salmos 112:7

Es importante mantener la confianza en Dios y utilizar los recursos que Él te ha dado durante esta jornada para alcanzar el éxito. El uso adecuado de estos recursos puede conducir a una transformación personal significativa, y se debe expresar gratitud hacia Dios por Su guía a lo largo de esta jornada de transformación.

CAPÍTULO 6

TIEMPO DE COSECHA –EL RESULTADO

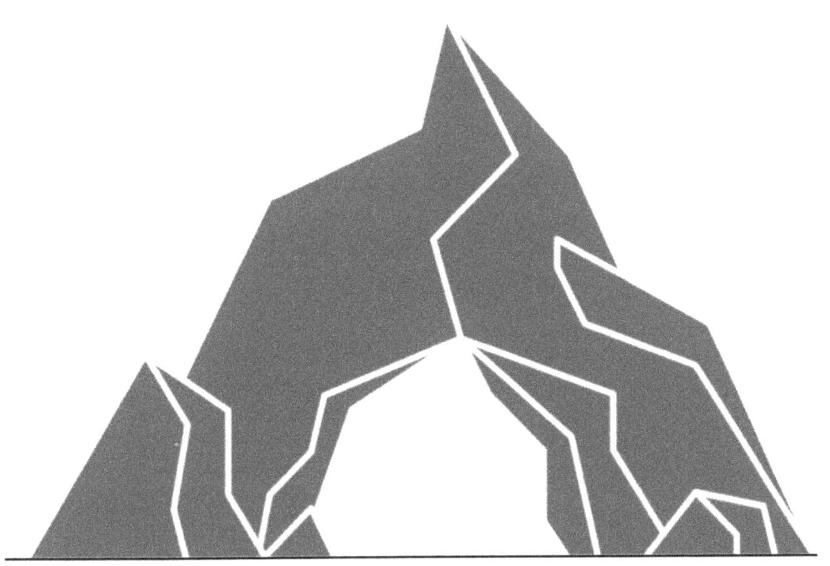

> *⁷El oro, aunque perecedero, se acrisola al fuego. Así también la fe de ustedes, que vale mucho más que el oro, al ser acrisolada por las pruebas demostrará que es digna de aprobación, gloria y honor cuando Jesucristo se revele.*

1 PEDRO 1:7 (NVI)

La belleza de la vida es que siempre puedes esperar recibir una cosecha después de sembrar semillas. En este caso, has estado invirtiendo tiempo en tu jornada de transformación. Sé que has comenzado a ver una diferencia en algunas áreas de tu vida. Te garantizo que la forma en que piensas está cambiando, y la forma en que ves la vida, las situaciones o las circunstancias están cambiando. Ya no eres esclavo del sistema de este mundo, sino que ahora has sido transferido del reino de las tinieblas al reino de la luz, del reino de la ignorancia al reino de la sabiduría divina. ¡Esta es tu temporada de cosecha!

Sé que puedes estar pasando por algunos cambios emocionales que pueden hacerte sentir incómodo, pero debes saber que es normal. Tu mente no está acostumbrada a recibir la verdad de quien realmente eres y

quien es Dios. Por mucho tiempo, has estado viviendo en una cueva de mentiras. Internamente tu mente, voluntad y emociones están sintiendo resistencia porque quiere regresar a su naturaleza caída original, pero eso no va a suceder. Incluso si externamente la gente y las situaciones están buscando llevarte de vuelta a esa cueva de la que hablamos inicialmente, ese no será tu futuro. El tiempo que has invertido en hacer el trabajo delineado en cada capítulo anterior a éste es evidente. Deberías estar viendo manifestarse los frutos del espíritu: amor, gozo, paz, paciencia, benignidad, bondad, fidelidad, mansedumbre y dominio propio. Cada día te pareces más a Jesús.

En estos momentos, las personas que te rodean se están dando cuenta de las transformaciones que has experimentado. Buscan la autenticidad de tu experiencia. Si determinan que es auténtica, les ahuyentará o encenderá su curiosidad. Como resultado, añadirás valor mostrando la magnificencia de Dios a través de tu yo mejorado y excepcional. Al final, te conviertes en una plataforma promocional de Cristo, que animará a otros a descubrir la liberación que pueden experimentar a través de Jesucristo.

¿Qué pasa después?

Aunque ser un testigo vivo de Dios es algo grandioso, el resultado más impactante es lo que sucede en privado. Esto se debe a que cuando tu familia, amigos cercanos, cónyuge e hijos pueden testificar sobre tu jornada hacia la liberación, se vuelve muy significativo. Es fácil mantener la excelencia y la integridad en una iglesia, pero cuando estás solo, las cosas pueden ser diferentes. Por eso, lo que estás haciendo ahora es fundamental. Esto se debe a que estás empezando de dentro hacia fuera, no de fuera hacia dentro.

Todo empieza por quererte, dedicarte tiempo y luchar contra las cosas que intentan descalificarte. Ahora estás más familiarizado contigo mismo. Ya no estás renunciando a los mejores resultados que Dios tiene para ti, y ya no te estás sometiendo a una mentalidad de pobreza. En cambio, ahora tienes la mente de Cristo, y tus logros reflejan la poderosa obra del Espíritu Santo en tu vida. Has obtenido resultados diferentes que han sido firmados, sellados y entregados por Él. He aquí una estrategia para mantener los RESULTADOS que has adquirido después de leer este libro. El acrónimo de la palabra resultado (result en inglés) es el siguiente:

➤ Resistencia - ser capaz de disciplinarse para mantenerse centrado en un objetivo.

➤ Empoderamiento - tener la resistencia y la autodeterminación para mantener una postura de fe.

➤ Espiritualidad - aceptar la guía del Espíritu Santo.

➤ Unidad - aceptar la ayuda de los demás.

➤ Amor - tomar la decisión de valorarse a uno mismo y a los demás.

➤ Confianza: actuar con la seguridad de confiar en el carácter, la capacidad y la fuerza de Dios y de uno mismo.

Creo que los resultados que obtienes con estos ingredientes te llevan a la entrega total a Dios y trae transformación a tu vida. La Biblia dice que hemos sido creados a su imagen, Él es el Creador de todas las cosas, lo que significa que tenemos la capacidad de crear cosas nuevas que atraerán nuevos resultados. Si sigues obteniendo los mismos resultados, eso significa que estas continuamente haciendo algo que está produciendo el mismo resultado. Algunas personas se sienten cómodas y han aceptado resultados mediocres porque creen que eso es todo lo que merecen. Pero eso no es un principio del reino, Jesús dijo que Él vino para que podamos vivir una vida de abundancia no de mediocridad.

¿Qué tal si te digo que tienes una gran herencia a través de Jesucristo, una que tu mente ni siquiera puede imaginar? Sería triste seguir viviendo una vida obteniendo pobres resultados cuando estás llamado a obtener cosas más grandes. Dios es el único que hace un camino donde no lo hay. Él es quien nos ilumina para poder hacer una diferencia en este mundo para Su gloria.

Tus progresos y logros te conducen hacia una mayor comprensión de la naturaleza y el carácter de Dios, que es lo que significa "gloria". Dejándonos guiar por el Espíritu Santo, podemos seguir transformándonos para reflejar la imagen de Cristo. Esta transformación nos permite buscar soluciones e ideas innovadoras para diversos aspectos de la vida: desde las empresas hasta los sistemas educativos, pasando por las comunidades y otros ámbitos. Jesús fue una sola persona que tuvo un impacto significativo en el mundo gracias a la guía del Espíritu Santo. Influyó en 12 personas que, a su vez, impactaron al mundo entero. Por lo tanto, es crucial evaluar a cuántas personas estamos llegando e influenciando a través de nuestros logros. En el libro "Hola Mañana", ("Hello Tomorrow")[6] la Dra. Cindy Trimm habla de las doce áreas de nuestra vida en las que debemos centrarnos para tener una vida eficaz y con propósito. Son la identidad personal, el compañerismo, la familia, el crecimiento personal, la carrera profesional, los contactos, los amigos y colegas, la recreación y la renovación, el crecimiento espiritual, la estabilidad financiera, la salud y la forma física, y el legado personal. Te recomiendo que lo leas porque establece una base firme para las áreas que debes dominar para alcanzar tu propósito.

Para abrazar plenamente tu fe cristiana, es crucial dedicarse al estudio bíblico continuo y leer libros escritos por líderes espirituales. Dar prioridad a la búsqueda de la verdad de Dios es imperativo para todo creyente, y aprender de estos recursos puede ser facilitado por el Espíritu Santo. Una vez que unes fuerzas con el Espíritu Santo, te volverás imparable. Al reflexionar sobre tu jornada a través de los capítulos anteriores, es posible que te asombres de la transformación que has experimentado y que nunca creíste posible. Con el poder de Dios, todo es posible. El relato de la curación milagrosa de un endemoniado por parte de Jesús en Lucas 8: 26-35 (NVI) destaca el alcance del poder de Jesús.

---

[6] Trimm, Cindy, Hello Tomorrow! (¡Hola Mañana!) The Transformational Power of Vision (El Poder Transformador de una Visión). Charisma House, 2018.

Profundicemos en este pasaje.

Navegaron hasta la región de los gerasenos,[a] que está al otro lado del lago, frente a Galilea. [27] Al desembarcar Jesús, un endemoniado que venía del pueblo le salió al encuentro. Hacía mucho tiempo que este hombre no se vestía; tampoco vivía en una casa, sino en los sepulcros. [28] Cuando vio a Jesús, dio un grito y se arrojó a sus pies. Entonces exclamó con fuerza:—¿Por qué te entrometes, Jesús, Hijo del Dios Altísimo? ¡Te ruego que no me atormentes! [29] Es que Jesús le había ordenado al espíritu maligno que saliera del hombre. Se había apoderado de él muchas veces y, aunque le sujetaban los pies y las manos con cadenas y lo mantenían bajo custodia, rompía las cadenas y el demonio lo arrastraba a lugares solitarios.

[30] —¿Cómo te llamas? —le preguntó Jesús.

—Legión —respondió, ya que habían entrado en él muchos demonios.

[31] Y estos le suplicaban a Jesús que no los mandara al abismo. [32] Como había una manada grande de cerdos paciendo en la colina, le rogaron a Jesús que los dejara entrar en ellos. Así que él les dio permiso. [33] Y, cuando los demonios salieron del hombre, entraron en los cerdos, y la manada se precipitó al lago por el despeñadero y se ahogó.

[34] Al ver lo sucedido, los que cuidaban los cerdos huyeron y dieron la noticia en el pueblo y por los campos, [35] y la gente salió a ver lo que había pasado. Llegaron a donde estaba Jesús y encontraron, sentado a sus pies, al hombre de quien habían salido los demonios. Cuando lo vieron vestido y en su sano juicio, tuvieron miedo.

En este pasaje, el endemoniado obtuvo alivio instantáneo y resultados de nuestro misericordioso Salvador. Compartí esto porque quería que entendieras hasta dónde llegaría Jesús para traer sanidad, redención y restauración a tu vida.

¡No dejes que el miedo te impida obtener tu bendición!

Observa que en la última parte del pasaje anterior dice: …y tuvieron miedo. El milagro que hizo Jesús fue impresionante. A veces, cuando nos enfrentamos a que lo imposible se convierta en posible, el miedo tratará de arrebatárnoslo.

> *⁴ Aun si voy por valles tenebrosos, no temo peligro alguno porque tú estás a mi lado; tu vara de pastor me reconforta.*
> **SALMOS 23:4 (NVI)**

Es habitual sentir miedo por los resultados que obtenemos, ya que podrían provocar el rechazo de nuestros seres queridos. Es posible que algunas personas no comprendan su propósito y traten de restar importancia a sus capacidades y a los recursos que Dios les ha dado. Es esencial reconocer que no todo el mundo obtendrá los mismos resultados que tú si sigues siendo obediente. Algunas personas pueden seguir fracasando porque siguen repitiendo las mismas acciones, esperando resultados diferentes, como señaló Albert Einstein: "Locura es hacer lo mismo una y otra vez, esperando resultados diferentes". Intentar conseguir resultados diferentes mediante prácticas repetitivas no es factible. Cambiar tus hábitos puede producir cambios positivos en tu vida, pero requiere paciencia. Recuerda que has vivido con estos hábitos durante mucho tiempo, y cuando empieces a cambiarlos paso a paso, experimentarás resistencia. Pero, cuando la autodeterminación y la disciplina se ponen en marcha, estás en el buen camino para conseguir un resultado mejor.

Haz el trabajo necesario para que la mejor versión de ti esté disponible para que Dios cumpla tu propósito.

El propósito de Dios está esperando que estés listo, interna y externamente. El propósito tiene una asociación con el Espíritu Santo, y si cumples con los prerrequisitos haciendo la limpieza interna y construyendo una base bíblica fuerte necesaria en preparación para el siguiente nivel, estarás bien encaminado para cumplir con tu llamado de Dios.

Recuerda, tú y el Espíritu Santo son un equipo.

Cuando crezcas a través de tu relación y asociación con el Espíritu Santo, empezarás a atraer las cosas que necesitas para cumplir tu propósito. Cuando comencé esta jornada, empecé a atraer cierto tipo de personas, y mi círculo fue cambiando. Al principio estaba rodeada de personas que parecían no tener identidad; no sabían hacia dónde se dirigían. Se dedicaban a complacer a la gente y no tenían ninguna esperanza o deseo de convertirse en líderes. Yo notaba su comportamiento tibio y que no tenían planes de éxito o promoción en el futuro.

Cuando el Señor siguió obrando en mí, me di cuenta de que tenía que cambiar el círculo. Algunos de los individuos se sentían cómodos con su estatus, pero yo sentía que ese no era mi futuro. Un día, el Espíritu Santo me hablaba y me hacía sentir incómoda con el círculo en el que estaba. Ignoré su llamado hasta que algo malo sucedió. Dios tiene una manera de hacer las cosas cuando ve que no estás donde se supone que debes estar. Él ve la intención de tu corazón y lo que estás haciendo, pero algo está bloqueando el camino, y Él puede remover cosas en nuestras vidas que ya no sirven a Su propósito. Decidí cambiar mi círculo y, en el proceso, recibí mucho rechazo y críticas. Cuando todo lo demás no tiene sentido, hay que confiar en el proceso de Dios.

A veces el progreso viene precedido de la persecución.

Porque nuestra lucha no es contra seres humanos, sino contra poderes, contra autoridades, contra potestades que dominan este mundo de tinieblas, contra fuerzas espirituales malignas en las regiones celestiales.

EFESIOS 6:12 (NVI)

A menudo, la persecución es una señal de que la búsqueda de tu propósito está provocando un cambio en el ambiente que te rodea. A veces, cuando eso sucede, atrae la opresión. Por eso, cuando tomes decisiones a lo largo del camino, confía en dónde te está llevando Dios. La belleza de permitir que el Espíritu Santo te guíe es que Él sabe en qué áreas debes trabajar porque Él tiene el plano espiritual de tu vida. Un día, cuando estaba en mi oficina estudiando mi Biblia, recuerdo haber escuchado la sutil voz del Espíritu Santo. Me dijo: "Este es el año en que te saco del anonimato". ¡Wow! Poco después empecé a recibir invitaciones para bendecir otros ministerios. ¡No podía creerlo! Sólo quería que la gente viera a Dios a través de mí. Quería que le conocieran más a él y la verdad sobre el Evangelio. El mensaje del Evangelio te infunde verdadera vida. Cuando realmente crees y comienzas una relación personal con el Padre celestial a través del arrepentimiento y la fe en Cristo, el Espíritu Santo se establece en tu interior. La salvación es concedida; el pecado es perdonado. Tu nueva vida ha comenzado. Tener una relación personal con Dios a través de Jesucristo cambia la vida.

Cuando Dios es responsable de los resultados que has dado a luz, te equipará para protegerlo de los asesinos del destino. Un

> *A menudo, la persecución es una señal de que la búsqueda de tu propósito está provocando un cambio en el ambiente que te rodea.*

asesino del destino es un espíritu que es asignado para venir en contra de tu propósito. Su objetivo es paralizarte a través del miedo, la duda, el engaño y muchas otras estrategias que cree que funcionarán basadas en tus áreas de vulnerabilidad.

Debes permanecer conectado con Dios para proteger los resultados que has obtenido. Mientras continúas obteniendo resultados, necesitarás continuar orando y buscándolo para preservar los resultados que has obtenido. La oración es la habilidad de supervivencia que necesitarás utilizar para sobrevivir. En un mundo confuso, tu estas constantemente en una batalla para mantener el terreno que ganaste durante tu transformación espiritual. Puede que creas que puedes protegerlo con tus propias fuerzas, pero algo tan poderoso como los resultados que estás obteniendo necesita una fuerza sobrenatural que lo mantenga intacto. La Biblia dice:

¹⁹ Pelearán contra ti, pero no podrán vencerte, porque yo estoy contigo para librarte», afirma el Señor.

JEREMÍAS 1:19 (NVI)

Jesucristo me ha permitido salir victoriosa en mis batallas personales. Este es el beneficio de la bendición de poner tu confianza en Él en todo lo que haces. ¿Por qué? Porque si Él es el Alfa y la Omega, principio y fin, eso significa que todo lo que Él comienza, lo terminará. Cuando sientas el ataque, resiste y confía en Dios. Debes confiar en que Él está contigo a lo largo del camino, incluso si sientes que estás solo. No estás solo si lo has puesto a Él en primer lugar.

¡Serás probado!

Para garantizar su legitimidad, el resultado que obtengas se someterá a prueba. Es importante reconocer que cualquier cosa confiada a Dios será evaluada por su calidad. Como creador, Dios siempre garantiza que sus creaciones sean buenas. Esto es evidente en Génesis 1, donde se tomó un descanso para apreciar lo bueno de su obra. A pesar de ello, lo que puede parecer bueno a Dios no tiene por qué ser visto como tal por los humanos. El mundo en que vivimos a menudo percibe lo que es bueno como malo y viceversa. Por eso, cuando se manifiestan resultados positivos, la gente puede cuestionar su validez y preguntarse si el proceso se siguió con diligencia o si se tomaron atajos. Optar por atajos puede impedir resultados permanentes y a largo plazo. Para recibir la manifestación del Espíritu Santo en tu vida, es imperativo someterse completamente a la voluntad de Dios. Simplemente hacer algo a medias puede darte resultados temporales, pero Dios tiene la intención de producir una transformación completa dentro de ti para que puedas cumplir tu propósito. Su deseo es que logres resultados duraderos que contribuyan al avance de Su reino. Al darle prioridad a tu crecimiento personal, experimentarás un desbordamiento de bendiciones que otros no podrán ignorar. El Espíritu Santo es nuestro mejor aliado en este viaje. Evita confiar únicamente en tu propia comprensión, ya que no te conducirá a los resultados eternos a los que aspiras.

Estos resultados no sólo tienen la capacidad de ayudar a los demás, sino también de dejar un legado a la siguiente generación. Cuando Dios crea algo de la nada es eterno. Él no solo quiere bendecir el ahora, pero también quiere bendecir tu mañana, y el futuro. Él quiere que te mantengas enfocado en trabajar continuamente en ti mismo y crecer a través de su palabra y rendirte continuamente al Espíritu Santo. Algunas veces, las personas son inspiradas por tus resultados, e intentan seguir tu método y obtienen los mismos resultados lo cual es una extensión de tu propósito. Por ejemplo, el profeta Elías fue el mentor de Eliseo, y él terminó con una doble porción de la unción de su mentor. El propósito de Dios para nuestras vidas es a menudo multiplicado a través de otros con una unción similar. Cuantos más hijos de Dios obtienen resultados, más se expande el Reino de Dios.

Ves, no se trata de nosotros; se trata de Él en nosotros. Una vez que lo tenemos a Él, lo tenemos todo.

Su resultado no es para corazones egoístas; es para corazones que aman a Dios sobre todas las cosas y aman a la gente.

CAPÍTULO 7

METAMORFOSIS

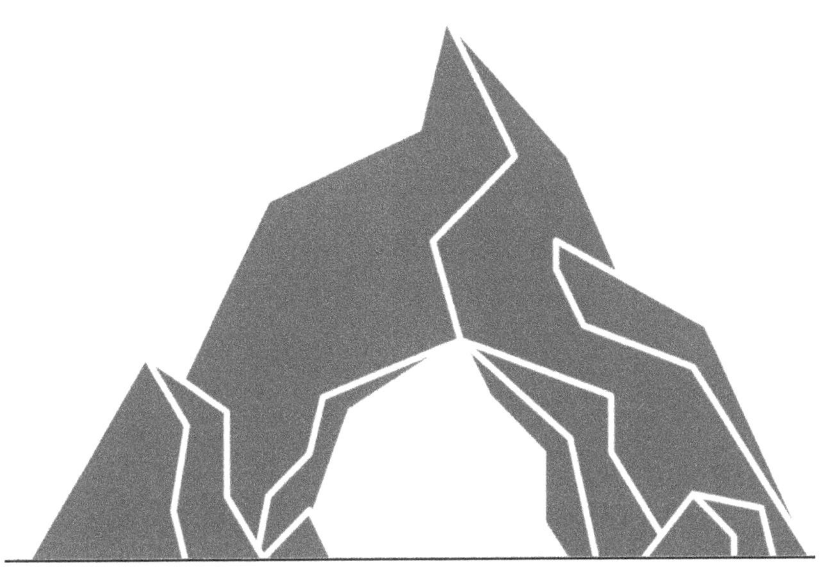

Bien hecho, has comprendido la importancia de descubrir tu propósito y seguirlo. El propósito puede definirse como una meta u objetivo a alcanzar, según el diccionario Merriam Webster. Aunque nuestra jornada literaria ha llegado a su fin,

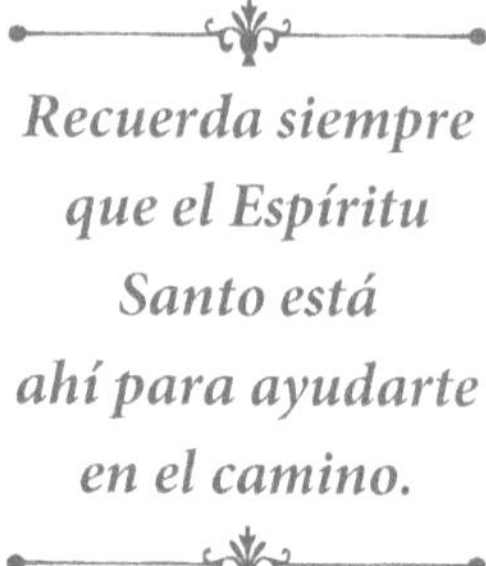

tu búsqueda de cumplir tu propósito continuará hasta que llegues al Cielo o al regreso de Jesús. Es un privilegio servir a Dios de todo corazón, con una mente y un alma renovada.

En este punto, debes tener una buena comprensión de tu propósito y de los planes que Dios tiene para ti. Es importante recordar que conocer tu propósito es sólo la mitad de la batalla - comprender cómo cumplir ese propósito es igual de crucial. Aunque muchas personas dan prioridad al inicio de una tarea, lo verdaderamente importante es completarla. No dejes que el remordimiento te consuma más adelante en la vida por no haber actuado conforme a tu propósito.

Recuerda que la fe sin acción no tiene sentido. Así que ponte manos a la obra y cumple tu propósito. Alguien allá afuera cuenta con que actúes, así que permite que el Espíritu de Dios te mueva. Si te encuentras atascado, acude a nuestro Padre Celestial en busca de guía y revelación.

Jesús mismo buscó la revelación completa de su misión ayunando y pasando tiempo en el desierto. Esto le permitió recibir las instrucciones necesarias para un ministerio exitoso. Recuerda siempre que el Espíritu Santo está ahí para ayudarte en el camino.

Hagamos una revisión rápida de lo que cubrimos en los capítulos anteriores.

Capítulo 1- Cueva de la Mente

➢ Identificaste algunas de las cosas buenas y malas que sucedieron en tu vida.

➢ Examinaste como estas cosas formaron quién eres.

➢ Examinaste la verdad de la abundante provisión de Dios para la esperanza, la fe y el amor en tu vida.

Capítulo 2- El Por Qué

➢ Llegaste al entendimiento de que necesitarás la ayuda del Espíritu Santo.

➢ Llegaste al entendimiento de que necesitarás reenfocarte en algunas áreas de tu vida.

Capitulo 3- Un Plan de Avance

➢ Debes escoger un lugar de refugio/lugar secreto.

➢ Debes posicionarte para ser empoderado.

➢ Debes ver la vida como un tiempo temporal para dejar huellas permanentes a los demás.

Capítulo 4- Desintoxicación

➢ Necesitas sentirte seguro y en paz dejando ir lo innecesario para recibir lo necesario.

➢ Reconocer que la desintoxicación vale la pena el proceso.

➢ A través de la jornada, visualiza tu futuro y úsalo como motivador durante los momentos difíciles.

Capítulo 5- Aplicación

➢ Cuando pedimos la ayuda del Espíritu Santo, lo imposible se hace posible.

➢ La resistencia emocional se vence a través de la fe en Dios.

➢ Busca ser espiritual, emocional, mental, física y socialmente saludable.

Capítulo 6-Resultados

➢ Tú tienes el control de tus resultados, si lo haces con una mentalidad sana, obtendrás buenos resultados.

➢ Trabaja la estabilidad, la constancia, la perseverancia y cree en la transformación.

➢ Devuelve libremente a los demás lo que te han dado.

Capítulo 7- Metamorfosis

➢ Puedes transformar a los demás a través del poder transformador que hay en ti.

> ➢ Tú eres la luz que puede brillar para llevar a otros a la verdad de lo que realmente son.

> ➢ Te conviertes en un recipiente de Dios para transferir a la gente de la muerte a la vida.

Una vez que comprendes la importancia de tu camino, desarrollas una resuelta determinación de esforzarte por alcanzar la satisfacción, lo que a su vez ayudará a otros en su peregrinaje para descubrir el Reino de Dios. Tu cumplimiento siempre tendrá un impacto de gran alcance en el reino de lo divino. Cuando eres bendecido en abundancia, tienes la capacidad de otorgar bendiciones a los demás. Te conviertes en la fuerza motriz de una transformación en el Reino.

¿Qué significa metamorfosis?

Echemos un vistazo a la definición de metamorfosis del diccionario Merriam Webster: un cambio de forma física, estructura o sustancia especialmente por medios sobrenaturales o: una alteración sorprendente en apariencia, carácter o circunstancias.[7] Tu metamorfosis personal comienza cuando te conectas con el poder investido en ti por Dios. Eres la obra maestra de Dios. Cuando comienzas la jornada hacia tu propósito, ¡eso atrae la atención de Dios! Dios es el creador

---

[7] https://www.merriam-webster.com/dictionary/metamorphosis (https://www.merriam-webster.com/dictionary/metamorphosis

supremo y sabe qué cambiar en ti y para qué te ha creado. El Espíritu Santo te dirige a donde debes invertir tu tiempo. Dios es un Dios perfecto. Él sabe exactamente qué herramientas necesitarás para tu tarea específica. Ten en cuenta que no estás llamado a ayudar a todos en este mundo, y eso está bien. Cuanto más confíes en el sabio consejo del Espíritu Santo y pongas tu fe, obediencia y confianza en Él, más claridad obtendrás.

Ahora ya sabes que para pasar por esta poderosa metamorfosis, debes operar bajo un poder sobrenatural que te da la capacidad de superar fortalezas culturales, creencias erróneas, opiniones alienantes, etc. ¿Qué significa poder sobrenatural? El poder sobrenatural es el poder de Dios que hace posible lo imposible. Cuando esto ocurre en un individuo, se crea una fuente de poder divino que es activada por el Espíritu Santo, con la intención de traer una transformación espiritual. A medida que continúes esta asombrosa jornada que no termina cuando este libro termine, serás parte de los milagros que Dios usa para transformar las vidas de otros porque estás impregnado con la solución.

Las personas que llevan soluciones adquieren valor, y ese valor tiene una fuente. La fuente de todo lo bueno es Dios y Él envió al Espíritu Santo para ayudarnos a hacer el bien en la Tierra. Sólo tenemos que decir sí a Dios.

Enséñame a hacer tu voluntad, porque tú eres mi Dios. Que tu buen Espíritu me guíe por un terreno sin obstáculos.

Salmos 143:10 (RVR95)

Aquí podemos ver la voluntad del Espíritu Santo de enseñarnos la voluntad de Dios para nuestras vidas. En primer lugar, reconocemos que Su voluntad es mejor que nuestra propia voluntad. Lo hemos comprobado a través de nuestras experiencias pasadas. ¿Cuánto tiempo hemos tratado de vivir la vida por nuestra cuenta y no hemos tenido éxito?

Hemos tomado decisiones impulsivas que han afectado a nuestra vida personal y a los que amamos. Hemos hecho nuestra propia voluntad durante demasiado tiempo, y nuestra propia voluntad ha traído consecuencias no deseadas que nos han presionado a entrar en una cueva oscura.

Debes reconocer la prominencia de Dios y colocarlo en el trono de tu corazón. Cree que el espíritu de Dios sabe lo que es bueno para ti. Conoce el poder de caminar en la voluntad de Dios. Caminar en la voluntad de Dios trae paz que sobrepasa todo entendimiento porque sabes que estás caminando en propósito.

No tengas miedo de los cambios que ocurren en tu vida, ten miedo de no cambiar. No tengas miedo de encontrarte con tu verdadero yo; ten miedo de no vivir en la abundante voluntad de Dios.

¡Has sido transformado!

Para aclarar quién eres, echemos un vistazo a Efesios 1:

Efesios 1:1
Soy un santo.

Efesios 1:3
Soy bendecido con toda bendición espiritual en Cristo.

Efesios 1:4-5
*Soy elegido y predestinado para la adopción de hijo por el Padre
Celestial.*

Efesios 1:6
Soy aceptado por Dios y un receptor de su gracia.

Efesios 1:7
Soy redimido y perdonado en Cristo.

Efesios 1:11
Tengo una maravillosa herencia de riquezas espirituales en Cristo.

Efesios 1:13-14
*Estoy habitado y sellado por el Espíritu Santo, quien garantiza mi
inclusión en la familia de Dios.*

Efesios 1:15-18
*Tengo acceso a la sabiduría espiritual y a la visión en Cristo por el
Espíritu Santo.*

Efesios 1:19-21
*Participo en la resurrección y ascensión de Cristo debido al poder
del Espíritu Santo que mora en mí.*

Efesios 1:22-23
*Como miembro del Cuerpo de Cristo, estoy unido al Señor y lo
represento en la tierra.*

La biblia transmite el mensaje de que Dios nos ha hecho maravillosos y que tenemos un gran valor como creación suya. También destaca el hecho de que el amor de Dios por nosotros se muestra a través del sacrificio de su único hijo, Jesús, que soportó en silencio la jornada hacia la cruz para cumplir su propósito. La palabra de Dios enfatiza que una verdadera señal del cumplimiento del propósito de uno es la creciente presión que se siente y la capacidad sobrenatural de soportar la persecución sin quejarse.

En resumen, la biblia celebra la belleza de la creación de Dios y el amor sacrificado que se manifiesta en la jornada de Jesús para cumplir su propósito. También reconoce la fuerza sobrenatural que se requiere para soportar la persecución sin quejarse, como señal de una vida con propósito,

> *No con ejército, ni con fuerza, sino con mi espíritu, ha dicho Jehová de los ejércitos.*
>
> **ZACARÍAS 4:6B (RVA)**

Esta escritura pone de relieve la importancia del Espíritu Santo en el proceso de metamorfosis. La historia de Jesús demuestra su extraordinaria resistencia y convicción en su misión, que sabía que, en última instancia, beneficiaría a los demás. El proceso de crecimiento y desarrollo personal no sólo nos dota de nuevos conocimientos y herramientas, sino que también nos permite ayudar a otros que están pasando por experiencias similares. Nuestras luchas y lágrimas no son en vano, sino que sirven como inversión para la recuperación de otra persona. Cuando somos testigos de cómo otros superan sus retos, nos llena de alegría y nos ayuda a apreciar cómo el sufrimiento y la muerte de Jesús condujeron a la salvación de miles de millones de personas.

¡Jesús tuvo una experiencia en la cueva!

Después del sábado, al amanecer del primer día de la semana, María Magdalena y la otra María fueron a ver el sepulcro.² Sucedió que hubo un terremoto violento, porque un ángel del Señor bajó del cielo y, acercándose al sepulcro, quitó la piedra y se sentó sobre ella. ³ Su aspecto era como el de un relámpago, y su ropa era blanca como la nieve. ⁴ Los guardias tuvieron tanto miedo de él que se pusieron a temblar y quedaron como muertos.⁵ El ángel dijo a las mujeres: —No tengan miedo; sé que ustedes buscan a Jesús, el que fue crucificado. ⁶ No está aquí, pues ha resucitado, tal como dijo. Vengan a ver el lugar donde lo pusieron.

MATEO 28:1-6 (NVI)

"No está aquí; ha resucitado", fueron las palabras que el ángel dijo a las mujeres que buscaban a Jesucristo en el sepulcro después de los tres días siguientes a su muerte. La historia de la resurrección de Jesucristo del sepulcro es realmente asombrosa, y también se aplica a tu vida. Es inspirador ver cómo las mujeres volvieron al sepulcro para descubrir que Jesús ya no estaba allí. Esta historia representa el hecho de que la gente puede volver a verte para ver si sigues estancado en el mismo lugar, pero se sorprenderán al descubrir que has seguido adelante.

Ahora puedes disfrutar de la libertad que conlleva ser liberado de la cueva que te impedía perseguir tus objetivos. Puedes usar tu transformación para ayudar a otros y mostrarles el poder de la resurrección de Jesucristo. Con un claro sentido de propósito, puedes navegar en este mundo confuso y hacer un impacto positivo. A través del Espíritu Santo, puedes ayudar a otros a experimentar la misma transformación por la que tú has pasado. ¡La tumba está vacía! ¡Quién es el PRÓXIMO!

Las cosas se pusieron difíciles para Jesús antes de que Él tuviera Su experiencia en la cueva.

En un momento de confusión interior, luché contra las acusaciones injustas contra mi carácter y mi reputación. A pesar de la pureza de mis intenciones, me sentía incomprendida y herida. En un esfuerzo por encontrar consuelo, recurrí a la meditación y el Espíritu Santo me guió a ver una escena de la película La Pasión de Cristo, que representa la persecución y posterior crucifixión de Jesús. Mientras la veía, me conmovió hasta las lágrimas darme cuenta de que aquellos a quienes Jesús amaba y venía a ayudar eran los mismos que le rechazaban, y sin embargo Él permaneció en silencio durante todo su sufrimiento. Ser testigo de su dolor y tortura me afectó profundamente, y sentí un gran peso en mi corazón. A pesar de la agonía, Jesús nunca se quejó porque sabía que era Su llamado. Aunque a algunos pudiera desanimarles la idea de que seguir sus pasos puede acarrear persecución y rechazo, a mí me reconfortó su compromiso inquebrantable con su propósito.

Imagina que estás viendo la película. Mientras Jesús pasa por todo esto, podemos vernos a nosotros mismos en este fragmento de la película. ¿Cuántas veces te has sentido rechazado por las personas a las que realmente quieres y has ayudado? ¿Cuántas veces te han malinterpretado o malentendido? ¿Cuántas veces te han juzgado? ¿Cuántas veces no te han aceptado por lo que eres? Jesús no fue aceptado ni recibido de aquellos a quienes fue llamado a salvar, lo que significa que nosotros también pasaremos por algunas de las mismas cosas que Él pasó para caminar en nuestro propósito. Nadie dijo que es fácil caminar en el propósito, pero a través de Cristo, es posible abrazarlo. Vemos numerosos ejemplos del pueblo de Dios en la Biblia madurando espiritualmente para caminar en su propósito divino, ¡y tú también puedes!

¡Recuerda siempre confiar en Dios y mantener tu mente en Él!

Es crucial tener fe y confianza en Dios, especialmente en el proceso de descubrir tu propósito, ya que te encontrarás con Él de una manera única. Puede que te enfrentes a desafíos y oposición durante esta jornada, pero al final todo merecerá la pena. Estos obstáculos son una batalla de la mente, lo que significa que estás progresando. Al igual que un atleta que se enfrenta a la resistencia de sus oponentes durante un partido de fútbol, también te enfrentarás a la resistencia de tu enemigo al salir de la oscuridad y caminar con una mente renovada y la autoridad de Cristo. Poner tu mente en las cosas de la carne es muerte, pero poner tu mente en las cosas del Espíritu es vida y paz. Al enfocarte en las cosas que son verdaderas, respetables, auténticas, hermosas y dignas de alabanza, estás tomando el control de tu identidad y derrotando a tu oponente.

> *Poner tu mente en las cosas de la carne es muerte, pero poner tu mente en las cosas del Espíritu es vida y paz.*

La mentalidad pecaminosa es muerte, mientras que la mentalidad que proviene del Espíritu es vida y paz.

ROMANOS 8:6 (NVI)

Este no es el final de mi historia y no es el final de la tuya.

Salí de un período de oscuridad con la ayuda del Señor, en quien confié para que guiara mi vida. Mi experiencia en una situación difícil mejoró cuando busqué Su ayuda. Tuve fe en Él y en sus planes para mí y para mis seres queridos. Superé mis luchas y ahora ánimo a otros a hacer lo mismo. He adquirido una nueva perspectiva y ahora puedo influir positivamente en el mundo. Es importante mantenerte centrado en tu propósito y no perderte en la confusión del mundo. Recuerda que esto es sólo el principio de tu jornada y es importante que te mantengas en contacto con personas que te apoyen y que sigas teniendo fe en Dios. Él puede traerte sorpresas inesperadas, como hizo conmigo. Abraza la nueva versión de ti mismo e inspira a otros a hacer lo mismo, para que puedas decir como el Apóstol Pablo, *He peleado la buena batalla, he terminado la carrera, me he mantenido en la fe.* (2 Timoteo 4:7 NVI) ¡Eres un ganador!

LA ORACIÓN DE SALVACIÓN

Señor Jesús, sé que soy un pecador, y te pido perdón. Yo creo que Tú moriste por mis pecados y que resucitaste de la muerte. Me alejo voluntariamente de mis pecados y te invito a entrar a mi corazón. Yo quiero confiar en Ti como mi Señor y Salvador y comprometerme a seguirte todos los días de mi vida desde ahora y para siempre. Amén

ACERCA DEL AUTOR

Zuleyka Salazar es una mujer escogida por Dios que tiene un fuerte deseo de ayudar a aquellos que sufren y necesitan sanación. Ella esparce positivismo y alegría al mundo a través de varios ministerios, organizaciones y negocios que le han sido otorgados a través de la gracia de Dios. Además de ser fundadora de la Embajada de la Vida Eterna (Eternal Life Embassy) en Lorton, Virginia, también es una oradora muy solicitada en conferencias, una especialista en empoderamiento y una líder transformacional que tiene una habilidad única para guiar a las personas hacia su propósito. Ha sido llamada por Dios para llevar la salvación, la restauración y el mensaje del amor de Dios a personas de todo el mundo.